電子申告の概要と義務化に向けた事前準備

SKJ総合税理士事務所
税理士 **坂本 真一郎** 著

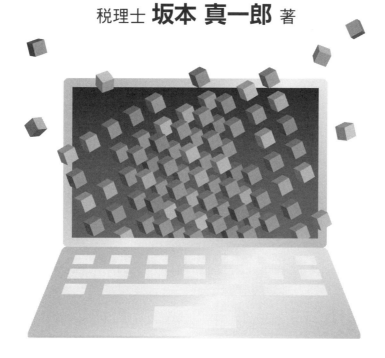

税務研究会出版局

はじめに

　2020年4月以降、中小企業に先行して大法人の電子申告義務化がスタートします。義務化に向けては、更なる電子申告の利便性向上のため、「認証手続の簡便化」や「データ形式の柔軟化」などの各種施策もスタートしています。

　本書では、電子申告義務化の概要や利便性向上のための各種施策の解説はもとより、企業の実務担当者の皆様方が日頃から煩わしさを感じている電子証明書の取得などの事前準備作業や、具体的なイメージを掴みにくいといわれる電子申告データの作成から送信までの流れについて、実際の操作画面に基づいてマニュアル化し解説しています。

　筆者が国税在職時に大企業のe-Tax導入支援を行っていた際には、「7日でできるe-Tax」という案内チラシを作成して利用勧奨していたように、電子申告の事前準備そのものにはさほど時間はかかりません。時間を要するのは電子証明書の管理運用方法等について社内承認を得る部分などだと思います。
　社内調整等を含め電子申告を導入するための準備をできる限り早めに行っていただき、たとえば、義務化がスタートする一事業年度前に電子申告でテスト送信を行ってみるなど、余裕を持ったスケジュールで義務化に対応するために、本書を役立てていただければ幸甚です。

　最後に、本書の執筆にあたり、市販ソフトを活用した電子申告マニュアルの作成にご協力いただきました株式会社NTTデータ第一公共事業本部第二公共事業部第三システム統括部の小谷智昭氏、枝根千嘉子氏、税務サービスグループの皆様方に深く感謝いたしますとともに、入稿後短期間での刊行にご尽力いただきました税務研究会出版局の奥田守氏にあらためて御礼申し上げます。

2019年3月

坂本　真一郎

目 次

第1章　電子申告の背景と今後の動向

1　電子申告の背景と現状 …………………………………………………… *2*
2　税務行政の将来像 ………………………………………………………… *4*
　(1)　スマートフォン等による電子申告 …………………………………… *5*
　(2)　e-Tax 利用手続の簡便化 ……………………………………………… *7*
　(3)　年末調整手続の簡便化 ………………………………………………… *8*

第2章　電子申告の義務化について

1　電子申告の義務化の概要 ………………………………………………… *12*
2　電子申告の義務化対象法人 ……………………………………………… *13*
3　電子申告の義務化の適用開始時期 ……………………………………… *14*
4　導入スケジュール例 ……………………………………………………… *16*
5　電子申告義務化についてよくある質問 ………………………………… *20*

第3章　電子申告の概要

1　電子申告で利用可能な手続 ……………………………………………… *32*
　(1)　e-Tax で利用できる手続 ……………………………………………… *32*
　(2)　eLTAX で利用できる手続 …………………………………………… *32*
2　電子申告の利用可能時間 ………………………………………………… *35*
　(1)　e-Tax の利用可能時間 ………………………………………………… *35*
　(2)　eLTAX の利用可能時間 ……………………………………………… *35*
3　電子申告を利用するための事前準備 …………………………………… *36*
　(1)　利用環境の確認 ………………………………………………………… *36*
　(2)　電子証明書の取得 ……………………………………………………… *36*
　(3)　e-Tax の事前準備 ……………………………………………………… *37*
　(4)　eLTAX の事前準備 …………………………………………………… *38*

4 電子申告の流れ……………………………………………………………… 40
(1) 電子申告の流れ ………………………………………………………… 40
(2) 電子申告の提出データ形式について ………………………………… 42
(3) 送信結果の確認について ……………………………………………… 44
(4) 電子納税の方法 ………………………………………………………… 45

第4章　電子申告の事前準備マニュアル

1 電子証明書の取得手続 …………………………………………………… 50
(1) 電子申告で利用可能な電子証明書 …………………………………… 50
(2) 商業登記認証局の電子証明書の取得方法 …………………………… 53

2 e-Taxの事前準備 ………………………………………………………… 72
(1) e-Tax開始届出書の提出 ……………………………………………… 72
(2) e-Taxソフトのインストール ………………………………………… 87
(3) 電子証明書の登録 ……………………………………………………… 98
(4) e-Taxによる申告の特例に係る届出書 ……………………………… 105

3 eLTAXの事前準備 ………………………………………………………… 107
(1) eLTAX利用届出の提出 ………………………………………………… 107
(2) PCdeskのインストール ……………………………………………… 126
(3) 提出先の追加 …………………………………………………………… 136

第5章　電子申告のデータ送信マニュアル

1 e-Taxの流れ ……………………………………………………………… 148
(1) 申告データ取込 ………………………………………………………… 148
(2) 電子署名 ………………………………………………………………… 160
(3) 申告データ送信 ………………………………………………………… 168

2 eLTAXの流れ ……………………………………………………………… 174
(1) 申告データ取込 ………………………………………………………… 174
(2) 電子署名 ………………………………………………………………… 187
(3) 申告データ送信 ………………………………………………………… 195

3 〔参考〕義務化対象外手続とe-Taxソフト（WEB版）の使い方 ………… 201

第6章　利便性向上のための各種施策

1　これまでの主な取組み……………………………………………… *212*
2　法人税等の電子申告義務化に向けた「利便性向上施策等一覧」……… *213*

第7章　参考資料

1　平成30年度税制改正大綱（抄）…………………………………… *242*
2　平成31年度税制改正大綱（抄）…………………………………… *249*
3　「行政手続コスト」削減のための基本計画（国税）……………… *253*
4　「行政手続コスト」削減のための基本計画（地方税）…………… *268*

元号表記について

　本書の記述は、2019年3月1日現在の情報に基づいて作成しています。したがって、様式等の表記においては、元号は「平成」となっています。
　新元号への移行に伴い、e-Taxソフトや各種様式等についても順次更新される予定ですので、e-Taxホームページ等の情報も併せてご確認ください。

用語説明

用　語	説　明
e-Tax （イータックス）	国税に関する申告・申請・納税等の各種手続について、インターネット等を利用して電子的に手続を行うことができるシステム（国税電子申告・納税システム）。
e-Tax ソフト	国税に関する各種電子手続を行うための専用ソフトウェア（国税電子申告・納税システム利用者用ソフトウェア）。 無償で e-Tax ホームページからダウンロード可能（87ページ参照）。
e-Tax ソフト （WEB 版）	「e-Tax ソフト」の基本的な機能を、インターネット経由で Web ブラウザ上で使用できるシステム（201ページ参照）。
e-Tax ソフト （SP 版）	パソコン利用者向けの「e-Tax ソフト（WEB 版）」を、スマートフォン利用者向けに操作性を最適化した WEB アプリケーション（SP は「Smart Phone」の略）。
eLTAX （エルタックス）	地方税に関する申告・申請・納税等の各種手続について、インターネット等を利用して電子的に手続を行うことができるシステム（地方税ポータルシステム）。
PCdesk	地方税に関する各種電子手続を行うための専用ソフトウェア（地方税ポータルシステム利用者用ソフトウェア）。 無償で eLTAX ホームページからダウンロード可能（126ページ参照）。
市販ソフト （電子申告対応）	「e-Tax ソフト」や「Pcdesk」を利用せずに、国税や地方税に関する各種電子手続を行うことができる市販の電子申告対応ソフトウェア。 eLTAX ホームページに掲載されている法人税等の電子申告に利用可能なソフトウェアには、「TKC 法人電子申告システム（ASP1000R）」、「JDL 電子申告システム」、「ICS 電子申告システムⅡ」、「ACELINK NX-Pro 電子申告」、「PCA 法人税」、「電子申告顧問Ｒ４」、「電子申告の達人（148ページ参照）」、「e-PAP 電子申告システム」、「申告奉行［法人税・地方税編］」、「《魔法陣》電子申告」、「A-SaaS」などがあります。
電子証明書	信頼できる第三者（認証局）が間違いなく本人であることを電子的に証明するもので、書面取引における印鑑証明書に代わるもの。e-Tax や eLTAX を利用する場合には一部手続を除き、電子証明書を使用して申告等データに電子署名を行う必要があります。電子申告で利用可能な電子証明書については50ページ参照。
商業登記認証局	法務省が運営する認証局。 商業登記認証局は、法人の本店所在地等を管轄する登記所において、法人代表者等からの申請により、登記情報に基づく電子証明書を発行します（53ページ参照）。

用　語	説　明
公的個人認証サービス	オンラインでの申請・届出等の行政手続などや、インターネットサイトにログインする際に用いられる本人確認の手段。 　公的個人認証サービスに係る電子証明書は、地方公共団体情報システム機構が発行し、市区町村が交付します（マイナンバーカードに格納して交付）。
IC カードリーダライタ	マイナンバーカードなど、IC カードに組み込まれた電子証明書を読み取るために必要な装置。家電量販店等で数千円程度で購入可能。
XML	e-Tax 及び eLTAX で受付可能なデータ形式。 　情報の内容にタグを付加して構造的に記述し、コンピュータ処理をしやすくするコンピュータ言語（eXtensible Markup Language の略）。
XBRL	申告等データに添付される財務諸表について受付可能なデータ形式。 　XML をベースとして開発され、財務情報等を効率的に作成・流通・利用できるよう、国際的に標準化されたコンピュータ言語（eXtensible Business Reporting Language の略）。

電子申告に関する問い合わせ先

	問合せ手段	URL／電話番号／受付時間 等
e-Tax	よくある質問（Q＆A）	e-Taxに関する「よくある質問」が掲載されています。e-Tax全般に関する質問については、まずこちらをご覧ください。 (URL) http://www.e-tax.nta.go.jp/toiawase/yokuaru.htm
e-Tax	電話による問合せ（e-Taxヘルプデスク）	【電話番号】 ナビダイヤル（全国一律市内通話料金） 0570-01-5901（e-コクゼイ） 上記の電話番号でつながらない場合：03-5638-5171（通常の電話料金） 【受付時間】 ・月曜日～金曜日　午前9時から午後5時 （休祝日及び12月29日～1月3日を除きます。） ・確定申告期間 〔平成31年1月15日（火）～3月15日（金）まで〕 月曜日～金曜日　午前9時から午後8時（祝日を除きます。） 日曜日（2月17日、2月24日、3月3日、3月10日）　午前9時から午後8時
e-Tax	電子メールによる問合せ	お急ぎでない場合は、電子メールによる問い合わせをご利用ください。 (URL) https://www.e-tax.nta.go.jp/suggestion/toiawase/input_form.html
eLTAX	よくある質問（Q＆A）	eLTAXに関する「よくある質問」が掲載されています。eLTAX全般に関する質問については、eLTAXトップページからご覧ください。 (URL) http://www.eltax.jp/
eLTAX	電話による問合せ（eLTAXヘルプデスク）	【電話番号】 0570-081459（ハイシンコク） 上記の電話番号でつながらない場合：03-5500-7010（通常の電話料金） 【受付時間】 月～金（祝日、年末年始を除く。）　午前9時から午後5時
eLTAX	電子メールによる問合せ	お急ぎでない場合は、電子メールによる問い合わせをご利用ください。 (URL) https://www.eltax.jp/uketsuke/dform.do?acs=contact

※　電話番号は、ナビダイヤル（0570）を省略せずに、間違えのないよう十分に確認しておかけください。
※　申告内容等についてのお問い合わせは、所轄税務署や各地方公共団体の窓口へお願いします。

第1章

電子申告の背景と今後の動向

電子申告の背景と現状

　電子申告を含む行政手続のオンライン化については、「e-Japan 戦略」（2001年1月22日高度情報通信ネットワーク社会推進戦略本部決定）において、「2003年までに、国が提供する実質的にすべての行政手続をインターネット経由で可能とする。」と定められたことを受けて、2003年2月に「行政手続等における情報通信の技術の利用に関する法律」が施行されました。

　これにより、行政機関等への申請・届出等手続については、従来の書面による手続に加えてオンラインによる電子手続が可能となり、税務関係手続についても、2004年2月から「国税電子申告・納税システム（以下「e-Tax」といいます。）」が、2005年1月から「地方税ポータルシステム（以下「eLTAX」といいます。）」がサービスを開始しましたが、実際に電子申告等を行うための事前準備がわかりにくく煩雑であることなどから、サービス開始当初の利用率は極めて低調に推移していました。そこで、政府は、国・地方公共団体に対する申請・届出等手続におけるオンライン利用率を2010年度までに50％以上とする目標を掲げ（「IT新改革戦略」（2006年1月19日 IT 戦略本部決定））、これを受けて国税庁においても e-Tax の利用促進が最重要課題として掲げられ、e-Tax 説明会等の開催、国税幹部職員による利用勧奨、事前準備の個別サポートなど、普及活動を積極的に推し進めた結果、電子申告は徐々に納税者に浸透しはじめました。

　その後、「オンライン利用拡大行動計画」（2008年9月12日 IT 戦略本部決定）、「新たなオンライン利用に関する計画」（2011年8月3日 IT 戦略本部決定）、「オンライン手続の利便性向上に向けた改善方針」（2014年4月1日各府省情報化統括責任者（CIO）連絡会議決定）等に基づき、順次、オンライン利用範囲の見直しや、オンライン利用によるメリットを行政側と企業等の双方が享受することを目指した改善が図られてきました。

　このような取組の結果、「e-Tax 利用率の推移（図表1-1）」のとおり、2017年度における法人税申告に係る e-Tax 利用率は80.0％まで向上しました。なかでも、中小企業の e-Tax 利用率の向上は著しく、その理由としては「税理士等の代理送信」が普及したことが大きな要因となっています。原則として、法人が電子

申告を行う場合には作成した申告等データに法人代表者による電子証明書により電子署名を付与して送信する必要がありますが、2007年1月以降は、税理士等が会社に代わって電子申告を行う場合には、申告データに税理士等の電子証明書により電子署名を付与して送信することにより、法人代表者の電子署名を省略することが可能となりました。中小企業の申告書類は従来から顧問税理士等が作成して提出するケースが多かったため、税理士等の代理送信制度の普及が中小企業の利用率向上に大きく寄与しています。

一方で、大規模法人の法人税申告に係る e-Tax 利用率は依然として低調で、61.7％の利用率にとどまっています。これは、大規模法人は中小企業とは異なり自ら申告書類を作成して提出する会社が多く、電子申告を利用するためには、代表者の電子証明書を取得し、電子申告対応ソフトウェアを準備する必要があり、その事前準備の煩わしさから e-Tax の導入に踏み切れないという企業が依然として多く、また、たとえ e-Tax を導入したとしても、法人税申告書の添付書類が膨大で、主要別表以外のほとんどの添付書類を紙出力して別送しなければならないこととなり、かえって手間がかかるため利用を控えるという企業が数多くあります。

そのため、2018年度（平成30年度）税制改正では、ICT の活用を推進しデータの円滑な利用を進めることにより、社会全体のコスト削減及び企業の生産性向上を図るという観点から、大法人に対して法人税申告等の電子申告による提出義務を課すとともに、中小法人も含めて申告データを円滑に電子提出することができるような環境整備の見直しが図られています。たとえば、代表者から委任を受けた社員等による電子署名を可能とする「認証手続の簡便化」や、会社が Excel 形式等で作成した添付書類データを CSV 形式により提出可能とする「データ形式の柔軟化」など、これまで e-Tax 導入の阻害要因となってきた課題を解決するための様々な改善施策が掲げられ、今後、順次実施されていく予定となっています。

図表1-1　e-Tax利用率の推移

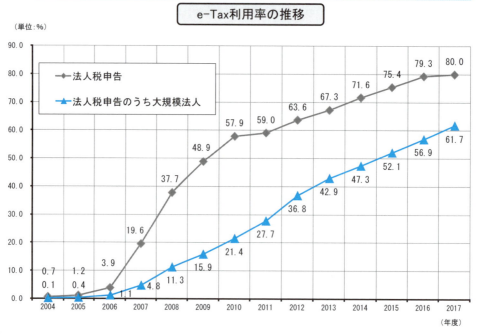

（注）「法人税申告のうち大規模法人」とは、全法人の法人税申告に係るe-Tax利用率のうち、国税局調査部所管法人（原則、資本金が1億円以上の法人）の利用率を示しています。

2 税務行政の将来像

　少子高齢化に伴う将来的な国税職員の定員減少、租税回避スキーム等による複雑・困難な調査・徴収事案の増加、さらには経済取引のグローバル化など、税務行政を取り巻く環境は大きく変化しており、国税庁の使命である適正かつ公平な課税及び徴収の実現を果たすためには、将来を見据えた事務運営により個々の課題に的確に対応していくことが必要です。そのため納税者の理解と信頼を得て、適正な申告・納税を確保していくために、税務行政の透明性の観点から目指すべき将来像を明らかにした上で着実に取り組んでいくことが重要であるとして、国税庁は2017年6月に「税務行政の将来像（図表1-2）」を取りまとめ公表しました（2018年6月改訂）。

　税務行政の将来像は、「納税者の利便性の向上（スムーズ・スピーディ）」及び「課税・徴収の効率化・高度化（インテリジェント）」を柱に、情報システムの高

度化、外部機関の協力を前提として、概ね10年後の将来像をイメージしたもので、その実現に向けては、大法人の電子申告義務化やe-Taxの使い勝手の改善など申告・納付のデジタル化を推進し、納税者の利便性向上とともにデータ基盤の充実を図り、AI技術等を取り入れながら段階的に取り組んでいくこととされています。

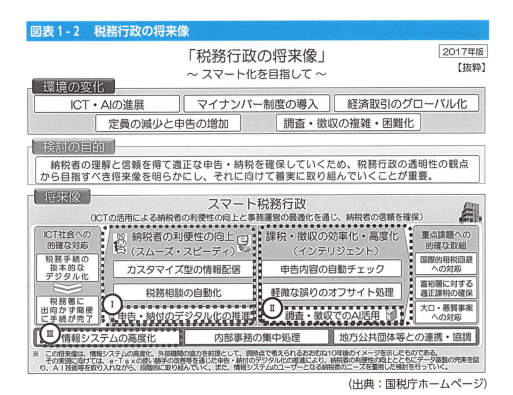

(出典：国税庁ホームページ)

税務行政の将来像を実現するための「申告・納付のデジタル化の推進」に係る施策については、本書第6章に掲載した「法人納税者のための利便性向上施策」以外にも、「個人納税者のための利便性向上施策」が掲げられていますので、以下で代表的なものを紹介します。

(1) スマートフォン等による電子申告

2019年1月以降、国税庁ホームページの「確定申告書等作成コーナー」では、スマートフォンやタブレット（以下「スマホ」といいます。）を利用して所得税の確定申告書を作成することができるようになりました。

利用対象者としては、年末調整済みの給与所得者で「医療費控除」又は「ふるさと納税などの寄附金控除」を適用して還付申告を行う方のみが対象となりますが、今後、すべての給与所得者及び年金受給者の所得控除に対応するなど利用対象者の拡大が図られる予定です。

また、このスマホ申告は、電子署名不要の「ID・パスワード方式（下記(2)②参照）」によるデータ送信となるため、事前に所轄税務署にID・パスワード方式の届出を行う必要があります（2020年1月以降は、マイナンバーカード読取機能を搭載したスマホを利用すれば、マイナンバーカード方式（下記(2)①参照）による送信も可能となる予定です）。

なお、パソコンを利用して確定申告書等作成コーナーで申告データを作成する従来の方法と同様に、スマホで作成した申告データについても、自宅のプリンタやコンビニエンスストア等のプリントサービス（有料）で印刷し、添付書類とともに「書面」で提出することも可能です。

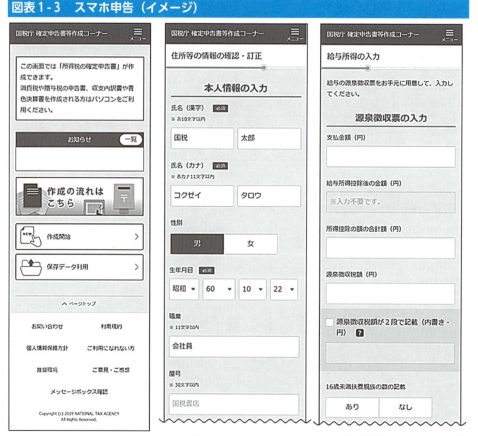

図表1-3　スマホ申告（イメージ）

（出典：国税庁ホームページ）

(2) e-Tax 利用手続の簡便化

　個人納税者のe-Tax利用手続をより便利にするため、マイナンバーカードに登載される電子証明書やマイナポータル[1]の連携機能の活用などにより、2019年1月以降、以下の2つの方式が利用可能となりました。

① マイナンバーカード方式

　マイナンバーカードを用いてマイナポータル経由またはe-Taxホームページなどからe-taxへログインするだけで、より簡単にe-Taxの利用を開始し、申告等データの送信を行うことが可能になりました。

　e-Taxを利用するためには、事前に所轄税務署長へ開始届出書の提出を行い、e-Tax用のID・パスワードの通知を受ける必要がありますが、マイナンバーカード方式ではそのような手間が不要です。また、本来e-Taxを利用するための事前準備として必要な電子証明書の登録も不要です。

② ID・パスワード方式[2]

　「ID・パスワード方式の届出完了通知」に記載されたe-Tax用のID・パスワードを利用して、国税庁ホームページの「確定申告書等作成コーナー」からe-Taxを行う方法で、マイナンバーカードとICカードリーダライタは不要です。なお、「ID・パスワード方式の届出完了通知」は、税務職員による本人確認を行った上で発行されますので、運転免許証などの本人確認書類を持参し、お近くの税務署で発行手続を行ってください。

1　マイナポータルとは政府が運営するインターネット上のサービスで、自宅のパソコンなどから、行政機関が保有する自分のマイナンバーを含む情報や情報連携により行政機関間でやり取りされた記録の確認、地方公共団体が提供するサービスの検索などを行うことができます。

2　ID・パスワード方式は、マイナンバーカードが普及するまでの暫定的な措置です。

図表 1-4　e-Tax 利用手続の簡便化

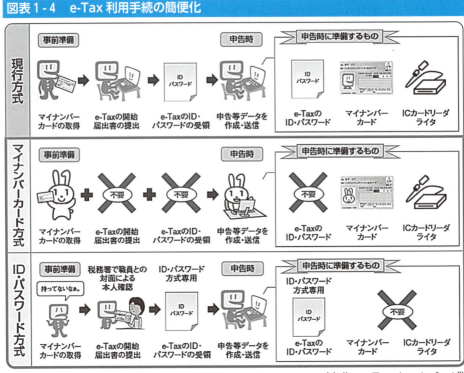

(出典：e-Tax ホームページ)

(3) 年末調整手続の簡便化

　現状の年末調整手続では、被用者（従業員）は、保険会社や銀行等の各種控除証明書等の発行機関（以下「控除関係機関」といいます。）から「保険料控除証明書や住宅ローンの年末残高証明書等」（以下「控除証明書等」といいます。）を受領し、これに基づいて「保険料控除申告書及び住宅借入金等特別控除申告書」（以下「年末調整控除申告書」といいます。）を作成し、控除証明書等とともに書面で雇用者（源泉徴収義務者）へ提出するという流れになっています。

　これら一連の手続について、2018年度（平成30年度）税制改正では、被用者及び雇用者の事務負担軽減や計算の正確性向上のため、手続の簡便化が図られました。具体的には、2020年10月以降は、国税庁が提供する被用者向け無料アプリ（「年末調整控除申告書作成システム」）を利用し、当該アプリに控除関係機関から発行される控除証明書等のデータを取り込めば、年末調整控除申告書の所定の項目に自動転記がなされ、雇用者にオンラインでの提出が可能となる予定です。

図表1-5　年末調整手続の簡便化

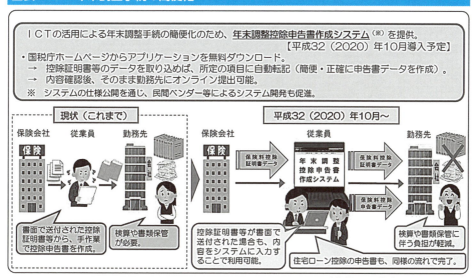

(出典：国税庁ホームページ)

第2章

電子申告の義務化について

電子申告の義務化の概要

　電子申告の義務化の対象となる税目は、「法人税及び地方法人税」、「消費税及び地方消費税」に加えて、地方税である「法人住民税及び法人事業税」となります。

　対象法人は、内国法人のうち、その事業年度開始の時において資本金の額又は出資金の額（以下「資本金の額等」といいます。）が1億円を超える法人、又は資本金の額等にかかわらず、相互会社、投資法人及び特定目的会社となります。人格のない社団等及び外国法人は対象外です。また、消費税及び地方消費税も義務化の対象税目であることから、消費税固有の納税者である国及び地方公共団体も義務化の対象となります。

　対象手続は、確定申告書、中間（予定）申告書、仮決算の中間申告書、修正申告書及び還付申告書で、これらの申告書及び申告書に添付する必要があるすべての書類が義務化の対象書類となるため、申告書のほかに法人税法等で添付すべきこととされている書類（財務諸表、勘定科目内訳明細書又は租税特別措置の適用に必要な書類や消費税申告書付表などの「添付書類」）を、申告書と併せてe-Taxにより提出する必要があります。

　申告書の提出に当たっては、e-Tax利用による提出方法のほか、データ容量が電子申告で送信可能な容量を超えるほどの大容量の場合には、例外的に、添付書類データを光ディスク等に保存して提出することも可能となる予定です。

　電子申告の義務化は、2020年4月1日以後に開始する事業年度（課税期間）の申告書から適用が始まりますが、電子申告義務化の対象となる法人（以下、「義務化対象法人」といいます。）は、原則として当該適用事業年度の開始の日から1か月以内に納税地の所轄税務署長に「e-Taxによる申告の特例に係る届出書（図表2-5参照）」を提出する必要があります。

　また、電子申告義務化後において、自然災害、サイバー攻撃、停電等により企業内のインターネット環境に障害が発生しオンライン手続が一時的に不能となった場合や、経営成績の悪化等によりインターネットの利用契約を解除した場合など、災害その他の理由によって法定申告期限までにe-Taxで申告書を提出するこ

とが困難な場合には、所轄税務署長の事前承認を得た上で、例外的に申告書を書面により提出することが認められます。

電子申告の義務化の概要についてまとめると下の図表2-1のとおりとなります。

図表2-1	電子申告の義務化の概要
対象税目	・法人税及び地方法人税 ・消費税及び地方消費税 ・法人住民税及び法人事業税
対象法人	・内国法人のうち、資本金の額等が1億円を超える法人 　（受託法人、人格のない社団等及び外国法人は含まれません。） ・相互会社、投資法人及び特定目的会社 ・公共法人、国及び地方公共団体（消費税固有の納税義務者）
対象手続	確定申告書、中間（予定）申告書、仮決算の中間申告書、修正申告書、還付申告書 （申告書及び申告書に添付すべきものとされている書類のすべてをe-Taxで提出する必要があります。）
適用届出書	電子申告の義務化の対象となる法人は、納税地の所轄税務署長に対し「e-Taxによる申告の特例に係る届出書」を提出する必要があります。
適用日	2020年4月1日以後に開始する事業年度（課税期間）から適用されます。
例外措置	電気通信回線の故障、災害その他の理由によりe-Taxを使用することが困難な場合には、所轄税務署長の事前承認により申告書等を書面で提出することができます。

2 電子申告の義務化対象法人

上記 1 に記載したとおり、義務化対象法人は、内国法人のうち「その事業年度開始の時において資本金の額等が1億円を超える株式会社等、公益法人等及び協同組合等」及び「資本金の額等にかかわらず、相互会社、投資法人及び特定目的会社」となり、受託法人（法人課税信託）、人格のない社団等及び外国法人は義務化の対象外となります。

また、消費税及び地方消費税も義務化の対象税目であることから、消費税固有の納税義務者である国や地方公共団体、公共法人も義務化の対象となります。対象法人を一覧表にすると下の図表2-2のとおりとなります。

図表2-2 電子申告の義務化の対象法人一覧表

法人の区分			電子申告義務 法人税等・住民税等	電子申告義務 消費税等
内国法人	株式会社等・公益法人等・協同組合等	資本金の額等が1億円超	○	○
内国法人	株式会社等・公益法人等・協同組合等	資本金の額等が1億円以下	×	×
内国法人	相互会社・投資法人・特定目的会社		○	○
内国法人	国・地方公共団体			○
内国法人	公共法人	資本金の額等が1億円超		○
内国法人	公共法人	資本金の額等が1億円以下		×
内国法人	受託法人（法人課税信託）		×	×
内国法人	人格のない社団等		×	×
外国法人			×	×

　なお、対象法人の判定における「資本金の額等が1億円超であるかどうか」については、法人の事業年度開始時点で判断します。

　したがって、消費税申告について課税期間特例を選択している法人の場合には、各課税期間の消費税申告に係る電子申告の義務化の判定に際して、短縮された1月又は3月ごとの各課税期間の開始時点ではなく、当該法人としての法人事業年度開始の時点で判定することに留意してください。

3 電子申告の義務化の適用開始時期

　電子申告の義務化は、「2020年4月1日以後開始する事業年度（課税期間）」から適用されることとなります。たとえば、申告期限の延長の特例を受けている3月決算法人の場合の適用開始時期を例示すると、以下の図表2-3のとおりとなります。

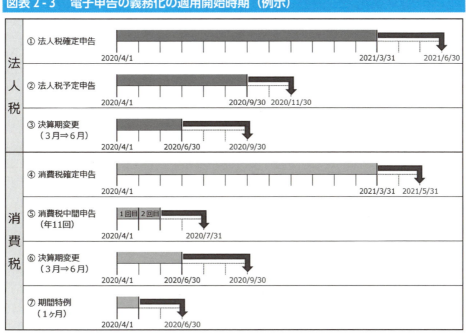

図表2-3　電子申告の義務化の適用開始時期（例示）

　まず、①法人税確定申告については、2020/4/1～2021/3/31事業年度分（2021/6/30申告期限分）から電子申告の義務化が始まるため、当該事業年度の申告以降はe-Taxシステム及びeLTAXシステムへデータにより送信する必要があります。

　②のように法人税予定申告を提出する必要がある場合には、2020/4/1～2020/9/30事業年度分（11/30申告期限分）から義務化が始まります。また、③のように決算期を年の途中で変更したような場合には、さらに義務化の適用開始時期が早まることになります。

　④の消費税確定申告については、法人税確定申告と同様に2020/4/1～2021/3/31課税期間分（2021/5/31申告期限分）から義務化の適用がスタートし、⑤のように消費税の中間申告義務がある法人の場合（図例では年11回の中間申告）、1回目（2020/4/1～2020/4/30中間申告期間分）及び2回目（2020/5/1～2020/5/31中間申告期間分）の期限となる2020/7/31申告期限分から義務化の適用が開始されます。また、⑥のように決算期を年の途中で変更したような場合には義務化の時期が早くなります。

　最後に、⑦消費税の課税期間特例を選択している法人については（図例では1

か月の期間特例)、2020/4/1〜2020/4/30課税期間分(2020/6/30申告期限分)から義務化が始まります。

　いずれにしても、確定、予定(中間)、修正などの申告区分と関係なく、その対象事業年度(課税期間)開始の日が2020年4月1日以降であれば、義務化対象法人は電子申告により申告書を提出する必要があります。「**4**導入スケジュール例」でも記載していますが、大企業の場合には、消費税の納税額が多額で毎月中間申告を行っているケースが多いため、⑤のように、2020年7月末に「1回目の中間申告」と「2回目の中間申告」を併せて電子申告するというタイミングが、義務化後初めての電子申告になるという企業が多いと思われます。

4 導入スケジュール例

　図表2-4では、新設法人等以外であれば最も早く確定申告の義務化がスタートする3月決算法人(消費税中間申告を年11回行っている法人)を例に、「電子申告の導入スケジュール例」を考察しています。3月決算法人以外の導入スケジュールについて、たとえば12月決算法人の確定申告であれば、下記のスケジュール例に差分の9か月分をプラスしたスケジュールで検討してください。

　スケジュール例としては、まず2019年10月頃までに電子証明書の取得などの事前準備を整えて、2019年11月の予定(中間)申告時に電子申告義務化より1年早く電子申告を行ってみるというものです。

　その後、2020年4月中に義務化対象法人が提出すべき「e-Taxによる申告の特例に係る届出書」を所轄税務署に提出し、電子申告の利便性向上のための各種施策が出揃う2020年5月又は6月には、予定(中間)申告と同様に義務化の1年前に確定申告のテスト送信を行うというスケジュールです。

　法人税予定申告や消費税中間申告については、申告書を提出期限までに提出しなかった場合でも、その提出期限において申告書の提出があったものとみなされるため(法人税法第73条、消費税法第44条)、従来から予定(中間)申告書を提出していない会社もあると思いますが、確定申告前に実際に申告データに電子署名を付与して送信してみることをお勧めします。

なお、図表2-4はあくまでも導入スケジュールの例です。事前準備における「電子証明書管理規程（サンプル18ページ参照）等の整備」ひとつをとってみても、社内調整に時間がかかる企業とスピーディーに対応できる企業があると思いますので、自社に置き換えてみて、余裕を持ったスケジュールで対応した方がいいでしょう。

図表2-4　電子申告の導入スケジュール例（3月決算）

年	月	法人税	消費税	法人住民税及び法人事業税
2019年	4月	～事前準備～		
	5月			
	6月	① 利用環境、電子証明書管理規程等の整備		
	7月	② 電子証明書の取得		
	8月	③ 「e-Tax 開始届出書」及び「eLTAX 利用届出」の提出		
	9月	④ 電子申告対応ソフトのインストール　（e-Tax ソフト、Pcdesk、市販ソフト等）		
	10月	⑤ 初期設定（電子証明書の登録［e-Tax］、提出先追加［eLTAX］等）		
	11月	予定（中間）申告	中間申告（6回目）	予定（中間）申告
	12月		中間申告（7回目）	
2020年	1月		中間申告（8回目）	
	2月		中間申告（9回目）	
	3月		中間申告（10回目）	
	4月	「e-Taxによる申告の特例に係る届出書」の提出	中間申告（11回目）	
	5月	確定申告	確定申告	確定申告
	6月	確定申告（期限延長の場合）		確定申告（期限延長の場合）
	7月		中間申告（1回目＆2回目）	
	8月		中間申告（3回目）	
	9月		中間申告（4回目）	
	10月		中間申告（5回目）	
	11月	予定（中間）申告	中間申告（6回目）	予定（中間）申告
	12月		中間申告（7回目）	
2021年	1月		中間申告（8回目）	
	2月		中間申告（9回目）	
	3月		中間申告（10回目）	
	4月		中間申告（11回目）	
	5月	確定申告	確定申告	確定申告
	6月	確定申告（期限延長の場合）		確定申告（期限延長の場合）

※　網掛け部分は義務化手続等を、それ以外は事前準備、義務化前の手続等（テスト送信等）を示しています。

電子証明書管理規程（サンプル）

第1章　総則

（目的）

第1条　この規程は、株式会社●●●●における電子証明書の管理、取得、貸出、使用及びその他の事務に関する事項を定めることを目的とする。

（定義）

第2条　この規程における電子証明書とは、商業登記認証制度により法人の代表者等に対して電磁的に発行され、外部記憶媒体等に記録されたものとする。なお、電子証明書には、使用する際に必要となる暗証番号（以下「パスワード」という。）及び使用休止の際に必要となる暗証番号（以下「休止用コード」という。）を設定するものとする。

（用途）

第3条　電子証明書は、電子申告をはじめとする国及び地方公共団体等に対するオンラインによる申請・届出等の手続のために使用するものとする。

第2章　電子証明書の管理等

（電子証明書管理者）

第4条　電子証明書、パスワード及び休止用コードの管理者（以下「電子証明書管理者」という。）は●●●●とする。

2　電子証明書管理者は、電子証明書、パスワード及び休止用コードの管理、貸出その他電子証明書事務の全部又は一部を代行させるため、あらかじめ代理人を指名することができる。

（管理）

第5条　電子証明書管理者は、電子証明書、パスワード及び休止用コードを耐火金庫等に保管し、厳重に管理しなければならない。

（取得・休止）

第6条　電子証明書の取得並びにパスワード及び休止用コードの設定は、電子証明書管理者が行う。

2　電子証明書管理者は、電子証明書を取得した際には、「電子証明書管理簿《様式1》」に取得日、有効期間（証明期間）、パスワード、休止用コードその他必要事項を記載する。

3　電子証明書管理者は、電子証明書が不要となった際には、使用休止の手続きを行い、「電子証明書管理簿《様式1》」に休止に関する必要事項を記載する。

（貸出・返却）

第7条　電子証明書を使用する部署の責任者等（以下「電子証明書使用責任者」という。）は、「電子証明書使用申請事績簿《様式2》」に使用目的等の申請内容を記載し、電子証明

管理者に対して使用申請を行う。
2　電子証明書管理者は、申請内容を確認の上、電子証明書使用責任者に対し電子証明書及びパスワードの貸出を行う。
3　電子証明書使用責任者は、電子証明書の使用が完了した際には速やかに、電子証明書及びパスワードを電子証明書管理者に返却しなければならない。

(使用)
第8条　電子証明書使用責任者は、貸出期間中、電子証明書を適正に管理し、事前に申請した使用目的以外の目的に利用してはならない。
2　電子証明書使用責任者は、当該部署等に貸し出された期間、電子証明書及びパスワードの管理、使用その他電子証明書事務の全部又は一部を代行させるため、あらかじめ代理人を指名することができる。

第3章　事故対応

(事故報告及び再発防止)
第9条　電子証明書使用責任者は、電子証明書及びパスワードに盗難、紛失、漏えい、不正使用又はその恐れがあると認められたときは、直ちに電子証明書管理者に報告しなければならない。報告を受けた電子証明書管理者は、事故内容について原因究明を行い、必要に応じて事務処理改善等の再発防止策を講じ、代表取締役に報告しなければならない。

附　則
　この規程は、2019年4月1日から施行する。

《様式1》　電子証明書管理簿（サンプル）

シリアル番号	電子証明書ファイル名	取得年月日	有効期間（証明期間）	電子証明書パスワード	電子証明書休止用コード	休止年月日	備考
			～				
			～				
			～				

《様式2》　電子証明書使用申請事績簿（サンプル）

申請部門	使用責任者	使用担当者	使用目的	使用年月日	貸出年月日	返却年月日	備考

5 電子申告義務化についてよくある質問

　e-Tax ホームページには「電子申告の義務化についてよくある質問」が掲載されていますが、ここでは、そのうち特にポイントとなる質問について抜粋し、補足して解説します。

> **問1**　制度適用当初から電子申告の義務化の対象となる法人についても、届出書の提出が必要でしょうか。
> 　また、既に申告書を e-Tax により提出している場合でも同様でしょうか。
>
> **答1**　制度適用当初において電子申告の義務化の対象となる法人については、「e-Tax による申告の特例に係る届出書」を2020年4月1日以後最初に開始する事業年度（課税期間）の開始の日から1か月以内に提出する必要があります。
> 　なお、「e-Tax による申告の特例に係る届出書」は、既に申告書を e-Tax により提出している場合でも提出する必要があります。

補足1　義務化対象法人は、適用日（2020年4月1日）以後に納税地の所轄税務署長に対して、以下の提出期限までに「e-Tax による申告の特例に係る届出書（図表2-5）」を提出する必要があります。

① 2020年3月31日以前に設立された法人で2020年4月1日以後最初に開始する事業年度において義務化対象法人となる場合
　…当該事業年度開始の日から1か月以内

② 2020年4月1日以後に増資、設立等により義務化対象法人となる場合
　イ　増資により義務化対象法人となる場合
　　…資本金の額等が1億円超となった日から1か月以内
　ロ　新たに設立された法人で設立後の最初の事業年度から義務化対象法人となる場合
　　…設立の日から2か月以内

③ 2020年4月1日以後に義務化対象法人であって消費税の免税事業者から課

税事業者となる場合

　…課税事業者となる課税期間開始の日から1か月以内

　当該届出書の提出義務がある義務化対象法人に対して、事前に所轄税務署から通知等を行うことは予定されておらず、また、義務化適用開始以前からe-Taxを利用している義務化対象法人であっても提出が必要となりますので、届出書の提出もれにはご注意ください。

　なお、減資等で資本金の額等が1億円以下となった場合など、義務化対象法人でなくなった場合にも一定の届出書の提出が必要となる予定ですが、こちらの様式はまだ公表されていません。

図表2-5　e-Taxによる申告の特例に係る届出書

この届出書が使用可能となるのは2020年4月1日以後となりますのでご注意ください。

e - Taxによる申告の特例に係る届出書
（法人税・地方法人税・消費税及び地方消費税用）

※整理番号
※連結グループ整理番号

税務署受付印

平成32年4月30日

麹町 税務署長殿

納税地	〒１００－８９７８ 東京都千代田区霞が関３－１－１ 電話（ ０３ ）１１１１－１１１１
（フリガナ） 名　称	カブシキガイシャ　デンシショウジ 株式会社　電子商事
法人番号	７０００１２３４５６７８９
（フリガナ） 代表者氏名	デンシ　タロウ 代表取締役　電子　太郎　㊞
代表者住所	〒１０４－８４４９ 東京都中央区築地５－３－１ 電話（ ０３ ）２２２２－２２２２

☑法人税法第75条の3第1項
☐法人税法第81条の24の2第1項
☑地方法人税法第19条の2第1項
☑消費税法第46条の2第1項

に規定する特定法人に該当し、納税申告書についてe - Taxによる申告を行う必要があるので届け出ます。

適用開始 事業年度等	自 平成 32 年 4 月 1 日　　至 平成 33 年 3 月 31 日	
該当条項	☑ 法人税法第75条の3第2項第 1 号 ☐ 法人税法第81条の24の2第2項第　号 ☑ 地方法人税法第19条の2第2項第 1 号 ☑ 消費税法第46条の2第2項第 1 号	資本金又は出資金の額 　　　１，０００，０００，０００円 設立年月日等 　　　平成 元 年 4 月 1 日
参考事項		

問2 電子申告の義務化の対象書類には、申告書だけでなく、申告書に添付する書類も含まれるのでしょうか。

答2 電子申告の義務化の対象書類には、申告書だけではなく、法人税法等において申告書に添付すべきこととされている書類（法人税における財務諸表、勘定科目内訳明細書又は租税特別措置の適用に必要な書類や消費税の申告書付表などのいわゆる「添付書類」）も含まれ、申告書と併せてe-Taxにより提出する必要があります。

補足2　法人税確定申告書を提出する場合には、申告書の別表だけでなく、財務諸表、勘定科目内訳明細書、その他の添付書類もセットで電子申告する必要があります。

　ただし、例外的に、データ容量が電子申告で送信可能な容量を超えるほどの大容量の場合、2020年4月以降は、財務諸表や勘定科目内訳明細書などをCSV形式で光ディスク等に保存して提出することも可能になる予定です。

問3 電子申告の義務化の対象となる書類には、連結子法人が所轄税務署に提出する「個別帰属額等の届出書」も含まれますか。

答3 連結子法人が所轄税務署に提出する「個別帰属額等の届出書」は納税申告書には該当しないため、電子申告の義務化の対象となりません。

　一方で、連結親法人は各連結子法人の「個別帰属額等の届出書」を連結申告書の添付書類として提出する必要があるため、連結親法人が電子申告の義務化の対象となる場合には、連結親法人がe-Taxにより提出する必要があります。

※　（電子申告の義務化の対象か否かにかかわらず、）2020年4月以後は、連結親法人が連結申告書をe-Taxにより提出する場合、各連結子法人の「個別帰属額等の届出書」及びその添付書類の記載事項をe-Taxにより提出したときは、連結子法人は「個別帰属額等の届出書」を所轄税務署へ提出する必要はありません。

補足3　連結親法人が電子申告義務化の対象法人であるかどうかにかかわらず、

本制度の適用があるということですから、たとえば、連結親法人が、資本金１億円以下の義務化対象外の中小法人であったとしても、e-Tax で連結申告する際に各子法人の「個別帰属額の届出書」を添付して提出すれば、各連結子法人はそれぞれの所轄税務署に「個別帰属額の届出書」を提出する必要がなくなります。

> 問４　法人税申告について連結納税の適用を受けている場合、連結親法人の資本金の額が１億円超であるときは、連結子法人の消費税申告も電子申告の義務化の対象となりますか。
>
> 答４　消費税及び地方消費税の申告については、その申告主体ごとに資本金の額等で対象か否かを判断することとなります。
>
> 　したがって、連結子法人自体の事業年度開始の時における資本金の額等が１億円超であれば、その消費税申告は電子申告の義務化の対象となります。

補足４　そもそも、連結グループに加入している法人であっても、消費税及び地方消費税の申告は各社で行う必要がありますので、その申告主体ごとに資本金の額等で電子申告の義務化の対象となるかどうか判定することとなります。

　したがって、連結子法人自体の事業年度開始の時における資本金の額等が１億円超であれば、当該法人の消費税申告は電子申告の義務化対象となります。

> 問５　当社が使用している税務申告ソフトでは対応していない別表があることがわかりました。どうすればよいですか。
>
> 答５　電子申告の義務化の対象法人は、申告書だけではなく、法人税法等において添付すべきこととされている書類も含め、e-Tax により提出する必要があります。
>
> 　したがって、使用している税務申告ソフトで対応していない別表がある場合には、国税庁が提供している e-Tax ソフトを利用するなどして提出する必要があります。

補足5　法人税申告書の別表等については、毎年の税制改正により様式変更されるものが数多くあります。新様式の当該別表等がe-Taxで受付可能となる時期については、別表1系帳票を含む主要帳票は毎年6月中旬、その他の別表等は毎年9月中旬となっていますので、企業の決算期によっては申告時期までにe-Taxシステム側で新様式の受付ができない場合がありますので、そのような場合にはe-Taxで提出できない別表等として、例外的に、「イメージデータ（PDF形式）による提出※」が認められます。

※　2016年4月以降、e-Taxで申告等を行う場合に、それまで別途郵送等で提出する必要があった添付書類ついて、紙の提出に代えて、イメージデータ（PDF形式）で提出することが可能になりました（詳しくは216ページ参照）。

問6　電子申告の義務化の対象法人が書面により提出した場合はどうなりますか。

答6　電子申告の義務化は、申告方法をe-Taxに限定するもので、書面による申告書の提出は認められません。このため、電子申告の義務化の対象となる法人が、e-Taxにより法定申告期限までに申告書を提出せず、書面により提出した場合、その申告書は無効なものとして取り扱われることとなり、無申告加算税の対象となりますので、注意が必要です。

なお、法定申告期限までに書面により申告書を提出した後、法定申告期限後にe-Taxにより提出した場合でも同様です。

補足6　平成30年度税制改正大綱においても、電気通信回線の故障、災害その他の理由によって、e-Taxで申告書を提出することが困難であると所轄税務署長に承認された場合以外の理由により、義務化対象法人による電子申告がなされない場合には、無申告として取り扱うこととされています。

一方で、同大綱の注書きでは「期限内に申告書の主要な部分が電子的に提出されていれば無申告加算税は課さない取扱とする。」と記載されていますが、国税当局としては、この「申告書の主要な部分」について明示してしまうと、意図的に申告書の主要な部分のみをe-Taxで提出する法人を許容し、電子申告義務の一部不履行を助長することになりかねず、申告書等の適正な電子提出

という制度の妨げになる可能性があることから、これを明示する予定はないとのことです。これらの点を踏まえると、やはり法令遵守の観点からも、企業担当者としては申告書とすべての添付書類を法定申告期限内にe-Taxで提出できるように準備を進めることが必要です。

　たとえば、3月決算法人であれば、義務化適用開始事業年度より1年前の確定申告（2020年3月31日決算）から電子申告を試験的に導入するなど、義務化がスタートしてから慌てることの無いように、時間的な余裕を持って対応する必要があるでしょう。

> **問7**　電子申告の義務化の対象法人ですが、インターネット回線の故障でe-Taxによる提出ができません。どうすればよいですか。
>
> **答7**　電子申告義務化後に、「災害その他の理由」によって、e-Taxにより法定申告期限までに申告書を提出することが困難な場合には、所轄税務署長の承認を得た上で、書面により提出することで、例外的に申告義務が履行されたものとみなされ、その書面による申告書は有効なものとして取り扱われます。当該承認を得るためには、事前に「e-Taxによる申告が困難である場合の特例の申請書」及びe-Taxを使用することが困難であることを明らかにする書類を提出する必要があります。
>
> 　また、災害その他やむを得ない理由により、法定申告期限までに申告・納付できない場合、従来通り、災害等による期限の延長（国税通則法第11条）に基づく申請も可能です。

補足7　e-Taxにより法定申告期限までに申告書を提出することが困難な「災害その他の理由」及び申請書に添付すべき書類の具体例は以下のとおりです。
　［例1］…自然災害、サイバー攻撃、停電等により、インターネット環境に障害が発生した場合。
　　　　　（添付書類：オンライン手続が不能となっていることがわかる画面コピー等）
　［例2］…経営成績の悪化等により、インターネットの利用契約を解除した場合。

（添付書類：清算中申告書（控）や休業届（控）等、経営成績の悪化等を示す書類の写し及びインターネット契約の解除関係書類等）

「e-Tax による申告が困難である場合の特例の申請書（図表 2 - 6 ）」は、特例の指定を受けようとする期間の開始の日の15日前までに、「e-Tax を使用することが困難であることを明らかにする書類」を添えて、納税地の所轄税務署長に提出してください。

なお、特例の適用を受けることが必要となった理由が生じた日が、申告書提出期限の15日前の日以後で、申告書提出期限が特例の指定を受けようとする期間内の日である場合には、その指定を受けようとする期間の開始の日が提出期限となります。

図表2-6　e-Taxによる申告が困難である場合の特例の申請書

この申請（届出）書が使用可能となるのは2020年4月1日以後となりますのでご注意ください。

---

e-Taxによる申告が困難である場合の特例の申請書
e-Taxによる申告が困難である場合の特例の取りやめの届出書
（法人税・消費税用）

※整理番号
※連結グループ整理番号

税務署受付印

平成33年5月14日

麹町 税務署長殿

納税地	〒100-8978 東京都千代田区霞が関3-1-1 電話（03）1111-1111
（フリガナ）	カブシキガイシャ デンシショウジ
名称	株式会社 電子商事
法人番号	7 0 0 0 1 2 3 4 5 6 7 8 9
（フリガナ）	デンシ タロウ
代表者氏名	代表取締役　電子　太郎 ㊞
代表者住所	〒104-8449 東京都中央区築地5-3-1 電話（03）2222-2222

☑ 法人税法第75条の4第1項
☐ 法人税法第81条の24の3第1項
☑ 消費税法第46条の3第1項

に規定する場合に該当することとなったので、e-Taxによる申告が困難である場合の特例を申請します。

申請内容	特例の適用を受けることが必要となった理由	経営成績の悪化により、インターネット契約を解約したため。
	特例の指定を受けようとする期間	平成33年5月31日から平成35年5月31日まで
	電気通信回線の故障、災害その他の理由によりe-Taxを使用することが困難である事情が生じた日	平成33年5月10日
添付書類	☑ 電気通信回線の故障、災害その他の理由によりe-Taxを使用することが困難であることを明らかにする書類	

☐ 法人税法第75条の4第8項
☐ 法人税法第81条の24の3第2項
☐ 消費税法第46条の3第8項

の規定により、e-Taxによる申告が困難である場合の特例の適用をやめますので届け出ます。

届出内容	特例の承認を受けた日又はその承認があったものとみなされた日	平成　年　月　日
	特例の適用を受けることをやめようとする理由	

その他の参考事項	

問8 電子申告の義務化の対象法人ですが、電子申告の義務化以後の申告についても、税理士による代理送信は可能でしょうか。

答8 電子申告の義務化は、申告方法を e-Tax に限定するものであり、送信者までを限定するものではありません。

したがって、義務化対象法人であっても、税理士等が e-Tax により代理送信を行うことは可能です。

補足8 電子申告の義務化対象法人であろうとなかろうと、税理士による代理送信は可能です。

顧問税理士等に依頼して申告データを送信してもらう場合には、申告データに付与する電子署名は税理士の電子証明書を利用することになりますので、法人代表者等の電子証明書を準備する必要はありません。ただし、あくまでも会社が自ら申告データを送信するという場合には、代表者等の電子証明書は必須となります。

第3章
電子申告の概要

1 電子申告で利用可能な手続

(1) e-Tax で利用できる手続

　e-Tax（国税電子申告・納税システム）とは、国税に関する申告、納税及び申請・届出等の各手続について、電子データの形式でインターネット等を通じて送信するシステムで、下記の手続に利用できます。

　① 申告手続
　　イ 所得税（死亡した方の準確定申告を除きます。）
　　ロ 贈与税
　　ハ 法人税及び地方法人税
　　ニ 消費税及び地方消費税（死亡した方の準確定申告を除きます。）
　　ホ 酒税及び印紙税
　② 納税手続
　　全税目に係る納税（源泉所得税等の納付や納税証明書の交付手数料の納付を含みます。）
　③ 申請・届出等手続
　　法人設立届出、青色申告の承認申請、納税地の異動届、納税証明書の交付請求、法定調書（及び同合計表）などの申請・届出等。

(2) eLTAX で利用できる手続

　eLTAX（地方税ポータルシステム）とは、地方税に関する申告、納税及び申請・届出等の各手続について、e-Taxと同様に電子データ形式でインターネット等を通じて送信するシステムで、下記の手続に利用できます（実際に利用できる手続は、地方公共団体ごとに異なります）。

　① 申告手続
　　イ 法人都道府県民税、法人事業税、地方法人特別税
　　ロ 法人市町村民税
　　ハ 固定資産税（償却資産）

ニ　個人住民税

　　ホ　事業所税

②　納税手続

　　上記①に係る納税（固定資産税以外）

③　申請・届出等手続

　　法人設立・設置届、異動届等。

　なお、電子申告の利用対象者は、各税法等に基づき、申告、納税、申請・届出等の手続を行う必要のある個人納税者及び法人納税者のうち、インターネットを利用できる環境を有し、かつ、電子署名用の電子証明書を保有している方です（納税手続等のみを利用する場合には、電子証明書は不要です。）。

　また、税理士及び税理士法人等（以下、「税理士等」といいます。）の税理士業務を行う方も電子申告を利用することができます。税理士等が納税者の申告等データを作成し送信する場合には、納税者の電子署名を省略し、税理士等の電子署名の付与及び電子証明書の添付のみで送信することができます。

図表 3-1 電子申告で利用可能な手続

	税目	申告	申請・届出等	納税
国税電子申告・納税システム（e-Tax）	所得税(※1) 復興特別所得税	○	○	○
	贈与税	○	○	○
	相続税(※2)	―	○	○
	法人税・地方法人税 連結法人税・連結地方法人税 復興特別法人税	○	○	○
	消費税・地方消費税(※1) （個人及び法人）	○	○	○
	酒税	○	○	○
	印紙税	○	○	○
	その他間接諸税等	―	○	○
	源泉所得税		○	○
	納税証明書の交付請求(※3)		○	○
	法定調書関係		○	
	その他（電子帳簿保存法関係他）		○	
	税目	申告	申請・届出等	納税(※4)
地方税ポータルシステム（eLTAX）	法人都道府県民税 法人事業税 地方法人特別税	○	○	○
	法人市町村民税	○	○	○
	固定資産税（償却資産）	○	―	―
	個人住民税	○	○	○
	事業所税	○	○	○

※1 死亡した方の準確定申告を除きます。
※2 相続税申告については、2019年10月以降、一部手続について利用開始予定です。
※3 納税証明書の交付手数料についても電子納付が可能です。
※4 2019年3月現在、電子納税に対応している地方自治体は、全国約1800自治体のうち東京都を含む22か所のみですが、2019年10月より「地方税共通納税システム」が導入される予定で、今後利用可能自治体が大幅に拡大される予定です。

2 電子申告の利用可能時間

(1) e-Tax の利用可能時間

　e-Tax の利用可能時間は、「確定申告期間中の24時間受付」や「法人税申告書の提出件数が多い5月、8月、11月の最終土日受付」など、サービス開始以降、順次拡大が図られてきました。

　さらに、2019年1月以降は、これまで確定申告期間中のみに実施されていた「24時間受付」が平日（月曜日～金曜日）すべてに拡大され、土日についても、毎月の最終土日の受付（8時30分～24時）へと拡大されました。

(2) eLTAX の利用可能時間

　eLTAX の利用可能時間についても、「平日夜間の受付時間拡大」や「特定月の最終土日受付」など、e-Tax に対応する形で利用可能時間の拡大が図られています。

　なお、2019年3月現在の「電子申告の利用可能時間」は以下のとおりです。

図表3-2　電子申告の利用可能時間

対象期間	対象日	利用可能時間
e-Tax		
平日	月曜日～金曜日 （祝日等及び12月29日～1月3日を除く）	24時間[※1]
土日	毎月の最終土曜日及び翌日の日曜日	8時30分～24時
確定申告期間中	1月4日～3月15日までの全日 （土日祝日等を含む）	24時間（メンテナンス時間を除く）[※2]
eLTAX		
平日	月曜日から金曜日 （祝日等及び12月29日～1月3日を除く）	8時30分～24時
土日	・1月の最終土曜日及び翌日の日曜日並びにその前週の土曜日及び翌日の日曜日 ・2月、5月、8月、11月の最終土曜日及び翌日の日曜日	8時30分～24時

※1　祝日等の翌稼働日は、8時30分から利用可能となります。
※2　メンテナンス時間は、毎週月曜日0時～8時30分です。

3 電子申告を利用するための事前準備

電子申告を行うためには、以下の項目について事前に準備する必要があります。

(1) 利用環境の確認

電子申告は、利用者がパソコン等にインストールした専用ソフト等を使用して、e-Taxシステム又はeLTAXシステムとの間で申告等データをやりとりすることを前提としているため、利用に当たっては、以下のようなパソコン、インターネット等の環境が推奨されています。

図表3-3 電子申告の利用環境

項　目	e-Tax	eLTAX
CPU	Pentium 4（1.6GHz）以上（又はその相当品）	Microsoft社が推奨しているスペックを満たすこと（windows 7の場合1GHz以上）
メモリ	512MB以上	1GB以上
ハードディスクドライブ（HDD）	2GB以上の空き領域	1GB以上の空き領域
解像度	1,024×768以上	
オペレーティングシステム（OS）	Microsoft Windows 7（日本語版） Microsoft Windows8.1（日本語版） Microsoft Windows10（日本語版）	
WWWブラウザ	Microsoft Internet Explorer 11.0（32bit版)	
PDF閲覧	Adobe Acrobet Reader DC	Adobe Reader 5.0以降

※ OSは最新のサービスパック等を適用した上でご利用ください。なお、「e-Taxソフト」及び「Pcdesk」はMac OSには対応していません。また、Windows10の標準ブラウザである「Microsoft Edge」には対応していません。

(2) 電子証明書の取得

電子申告により法人税等の申告等データを提出する場合には、税理士等による代理送信[1]の場合を除き、「データの作成者が本人であるか」、「送信されたデータが改ざんされていないか」という2点を確認するための仕組みとして、申告等データに法人代表者等の電子証明書により電子署名を付与して送信することとさ

れていますので、利用者は事前に「電子申告で利用可能な電子証明書」を取得する必要があります（50ページ参照）。

(3) e-Tax の事前準備

① 開始届出書の提出

電子申告を利用する場合には事前に利用者固有の ID を取得する必要があります。e-Tax の場合には、事前に「電子申告・納税等開始届出書（以下、「開始届出書」といいます。）を提出して「利用者識別番号」を取得する必要があります（72ページ参照）。

② e-Tax ソフトのインストール

電子申告データを送信する場合には、税務申告ソフト等で作成した申告等データを、専用ソフトウェアを利用して送信可能なデータ形式に変換する必要があります。e-Tax の場合には、国税庁が提供する無償ソフト（e-Tax ソフト）を e-Tax ホームページからダウンロードしてインストールすることができます（87ページ参照）。

③ 電子証明書の登録

実際に申告等データに電子署名を付与して送信する前に、上記(2)で取得した電子証明書を、電子申告システム上に事前登録しておく必要があります。利用届出の提出と同時に電子証明書の登録を行う eLTAX とは異なり、e-Tax の場合には、開始届出書の提出後に、別途、電子証明書の登録作業を行う必要があります（98ページ参照）。

④ e-Tax による申告の特例に係る届出書の提出

電子申告の義務化対象法人は、2020年4月1日以後に納税地の所轄税務署長に対して、「e-Tax による申告の特例に係る届出書」を提出する必要があります。新設法人等以外の一般の法人については、2020年4月1日以後最初に開始する事

---

1 電子申告により申告等データを送信する際には、申告等データに電子署名を付与し、電子証明書を添付して送信する必要がありますが、源泉所得税の徴収高計算書や諸税の納付書を作成して送信する場合、納税証明書の交付請求（署名省略分）を行う場合、税理士等が納税者の申告等データを作成して送信する場合などは、電子署名等を省略して送信することが可能です。

業年度開始の日から1か月以内に提出する必要があります(105ページ参照)。

(4) eLTAXの事前準備

① 利用届出の提出

電子申告を利用する場合には事前に利用者固有のIDを取得する必要があります。eLTAXの場合には、事前に「利用届出(新規)」を提出して「利用者ID」を取得する必要があります。なお、利用届出の提出と併せて電子証明書の登録を行うこととなります(107ページ参照)。

② PCdeskのインストール

電子申告データを送信する場合には、税務申告ソフト等で作成した申告等データを、専用ソフトウェアを利用して送信可能なデータ形式に変換する必要があります。eLTAXの場合には、社団法人地方税電子化協議会が提供している無償ソフト(「PCdesk」)をeLTAXホームページからダウンロードしインストールすることができます(126ページ参照)。

③ 提出先の追加

上記①で利用届出を提出した地方公共団体(原則として本店所在地のある都道府県)に加えて、各支店、事業所等が所在する他の地方公共団体に対して申告データ等を送信する場合には、「利用届出(変更)」メニューから、当該地方公共団体を提出先として追加する必要があります(136ページ参照)。

※ 既に電子申告を導入している大企業が、上記無償ソフトである「e-Taxソフト」や「PCdesk」を活用するケースとして多いのは、①電子証明書の登録等の初期設定、②市販ソフトでは対応していない申告書別表及び申請・届出書等の作成、③ワープロ入力が負担とならない消費税確定申告書や各種予定(中間)申告書の作成、④源泉所得税等の納税や納税証明書の交付請求などを行う場合です。

　一方で、電子申告の義務化対象手続である法人税、法人住民税及び法人事業税等の確定申告書データを作成する場合には、国税と地方税との間で基本情報や税額情報等を連携することができ、申告データの履歴管理など様々な面で機能性・操作性が高い「市販ソフト」を活用するケースがほとんどです。そのため、本書では、法人税等の電子申告データの作成手順について、より実務的にイメージしていただくために、「市販ソフト(株式会社NTTデータの「電子申告の達人」)」を使用した例を掲載しています(148ページ及び174ページ参照)。

3　電子申告を利用するための事前準備　39

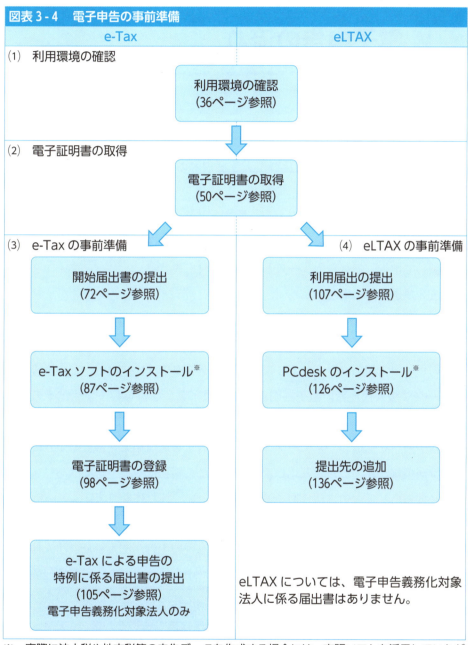

図表3-4　電子申告の事前準備

※　実際に法人税や地方税等の申告データを作成する場合には、市販ソフトを活用していただくことで、より効率的にご利用いただけます（148ページ及び174ページ参照）。

4 電子申告の流れ

(1) 電子申告の流れ

　上記3に掲げた事前準備の各手続が完了すれば、電子申告が可能となります。
　下記図表3-5では、法人税及び法人住民税等の電子申告を行う際の流れを例示しました。
　具体的なイメージとしては第5章「電子申告のデータ送信マニュアル」で確認しますが、大きくは、法人自らが申告データを作成送信するケースと、税理士等に依頼して申告してもらうケースとに分けられます。

① 法人が送信する場合

　法人自らが送信する場合は、Ⅰまず、「税務申告作成ソフト」等で法人税及び法人住民税等の申告書及び添付書類を作成し、Ⅱ作成した申告データを市販又は無償の電子申告対応ソフトにより送信可能なデータ形式に変換し、Ⅲ変換後の申告データに法人代表者の電子証明書により電子署名を付与します。Ⅳその後、e-Taxシステム及びeLTAXシステムに法人IDによりログインして電子署名済みの申告データを送信し、Ⅴデータ送信後に受信する送信結果（審査結果）においてエラー情報が無いことを確認します。Ⅵまた、義務化対象手続ではありませんが、必要に応じて、引き続き電子納税を行うという流れになります。

② 税理士等の代理送信の場合

　税理士等に代理送信を依頼する場合には、Ⅰ税理士等が法人税及び法人住民税等の申告書及び添付書類を作成し、Ⅱ作成した申告データを市販または無償の電子申告対応ソフトにより送信可能なデータ形式に変換し、Ⅲ変換後の申告データに税理士等の電子証明書により電子署名を付与します。Ⅳその後、e-Taxシステム及びeLTAXシステムに税理士等のIDでログインして電子署名済みの申告データを送信し、Ⅴデータ送信後に受信する送信結果（審査結果）においてエラー情報が無いことを確認します。送信結果（審査結果）は法人IDでログインすることにより法人側でも確認することが出来ます。Ⅵ最後に、必要に応じて、法人側で電子納税を行うという流れになります。

なお、一般的な電子申告対応ソフトには、データの切り出し（エクスポート）や組み込み（インポート）機能が搭載されていますので、たとえば、Ⅱの申告データ変換までは法人自らが行い、エクスポートしたデータを税理士等にメールで送信し、税理士等は受領したデータをインポートして再変換し、電子署名、申告データ送信を行うというようなフローも考えられます。実際にどのように運用していくかは、顧問税理士等が使用している電子申告対応ソフト等の状況も踏まえて検討していくことになるでしょう。

図表3-5 法人税等の電子申告フロー例

手順	使用ソフト	法人が送信する場合	税理士等の代理送信の場合
Ⅰ申告データ作成	税務申告作成ソフト	法人税・法人住民税等の申告書及び添付書類を税務申告作成ソフトにより作成	法人税・法人住民税等の申告書及び添付書類を税務申告作成ソフトにより作成
Ⅱ申告データ変換	電子申告対応ソフト	作成した申告データを電子申告対応ソフトにより送信可能なデータ形式に変換(※1)	作成した申告データを電子申告対応ソフトにより送信可能なデータ形式に変換(※1)
Ⅲ電子署名		申告データに法人代表者の電子署名を付与(委任可)(※2)	申告データに税理士等の電子署名を付与
Ⅳ申告データ送信		e-Taxシステム及びeLTAXシステムにログインし、署名済データを送信	e-Taxシステム及びeLTAXシステムにログインし、署名済データを送信
Ⅴ送信結果確認		送信結果を確認し、エラー情報が無いことを確認	送信結果を確認し、エラー情報が無いことを確認
Ⅵ電子納税（義務化対象外）		インターネットバンキングまたはダイレクト納付により納税(※3)	

※1 当該フローは、税務申告作成ソフトと電子申告対応ソフトの連携を前提としています。
※2 2018年4月以降、代表者から委任を受けた社員等による電子署名が可能となりました。
※3 2019年3月現在、「ダイレクト納付」はe-Taxの場合のみ利用可能で、税理士等による代理手続も可能です。（2019年10月以降「地方税共通納税システム」のサービス開始に伴い、eLTAXについても「ダイレクト納付」が可能となる予定です。）

(2) 電子申告の提出データ形式について

① e-Taxの提出データ形式

　e-Taxシステムに送信する提出データの形式は、サービス開始当初からXML形式（財務諸表についてはXBRL形式）とされてきました。

　したがって、法人税確定申告に際してe-Taxで提出できるのは、XML形式等に変換可能な電子申告対応ソフトに連携する税務申告作成ソフト等で作成した申告書別表、勘定科目内訳明細書や財務諸表等のみで、これらの書類を会社が独自にExcel等のスプレッドシートで作成している場合や、第三者作成書類等（租税特別措置法上の特別償却等の適用を受けるための認定書等）の提出が必要な場合には、書面で提出する以外に方法がありませんでした。

　しかしながら、電子申告の義務化を踏まえた利便性向上の観点から、e-Taxによる提出データ形式は柔軟化され始めています。申告書別表のうち別表6(1)のように明細の記載量が大量になる傾向がある部分や勘定科目内訳明細書については2019年4月以降の申告からCSV形式による提出が認められることとなり、同様に、財務諸表については2020年4月以降の申告からCSV形式による提出が認められる予定です。また、出資関係図のように自己が作成した書類や、第三者が作成した書類についても、2016年4月以降スキャニング等によりPDF形式（イメージデータ）に変換して提出することが可能となりましたが、従来から書面申告時に参考資料として法人税申告書に添付していた書類で、法人税法等において提出義務が定められていない書類（たとえば、銀行預金残高証明書や国税担当者への説明用に添付している各種資料等）については、法令上「イメージデータにより提出可能な添付書類（219ページ参照）」には該当しないこととされているため、当該添付書類をイメージデータで提出した場合には有効な書類として取り扱われない可能性がありますので、PDF形式で送信可能な書類かどうか判断がつかない場合には、事前に国税局の所掌部門や所轄税務署の法人課税部門等に確認していただくことをお勧めします。

　なお、2020年4月以後の申告から、CSV形式又はPDF形式で提出が認められる添付書類等についてはe-Tax送信以外に光ディスク等に格納して提出することが可能となりますが、これは原則として、当該データが大容量でe-Taxで送信で

きないような場合に限られます。

図表3-6　e-Taxの提出データ形式（法人税申告の場合）

申告関係書類の種類	1回あたりの送信容量	提出するデータのファイル形式		データ提出の方法	
		原則	例外	原則	例外
●申告書別表 ●事業概況書 ●適用額明細書 ●申告書別表 　（明細記載部分）^(※1) ●勘定科目内訳明細書	20MB （約5,000枚）	XML	CSV	e-Taxシステムにログインして送信	光ディスク等に格納して提出
●財務諸表		XBRL			
●その他の添付書類 　（例：出資関係図、特別償却等の適用を受けるための各種認定書等の写し）	8MB （約100枚）^(※2)	PDF^(※3)			
●法令上提出が求められていない書類 　（例：預金残高証明書、各種別表等の計算説明資料等）		法令上提出不要	PDF		

※1　明細の記載を要する対象別表等については、228ページをご参照ください。
※2　PDF形式で添付書類を提出する場合には、送信回数の制限があります（最大11回まで）。
※3　「イメージデータにより提出可能な添付書類」については、219ページをご参照ください。

② eLTAXの提出データ形式

　e-Tax同様に、eLTAXシステムに送信する法人住民税及び法人事業税等の申告書別表や財務諸表等の提出データ形式についても、サービス開始当初からXML形式（財務諸表についてはXBRL形式）とされています。申告書の審査及び受理の判断については提出先の地方公共団体が行いますが、定められたデータ形式により提出がなされなかった場合には、不受理となる可能性もありますのでご注意ください。なお、eLTAXについてはe-Taxのように財務諸表のCSV形式による提出等が認められる予定はありませんが、2020年4月以後の申告から「財務諸表の提出先の一元化」が予定されており、法人がe-Taxで財務諸表を提出すれば、国税地方税当局間においてデータ連携が行われるため、eLTAXでの財務諸表の提出は不要となります。

　また、eLTAXの場合、その他の添付資料について提出可能なデータ形式（拡張子）は、テキストファイル（「.txt」、「.csv」）、Wordファイル（「.doc」、「.docx」）、Excelファイル（「.xls」、「.xlsx」）、PDFファイル（「.pdf」）及び画像ファイル（「.jpg」）と、e-Taxより幅広く対応しています。

(3) 送信結果の確認について

① データ形式等の審査

　e-Taxシステム及びeLTAXシステム側では申告データを受信する際に2段階でデータ審査を行っています。納税者が申告データを送信すると、データ形式等の最低限のチェックが瞬時に行われ、e-Taxの場合には「即時通知」、eLTAXの場合には「送信結果」という審査結果が画面表示されますので、まず、この第1段階の審査結果においてエラー情報が無いことを確認します。一般的に、電子申告対応ソフト等により作成されるデータは、データ変換や電子署名の際にソフト上で事前チェックが行われているため、当該形式審査でエラーになることはほとんどないと思われますが、「即時通知」画面及び「送信結果」画面は一度表示すると再表示することができませんので、万が一エラー情報が表示された場合には、必ず画面印刷または画面保存を行って、エラー対処、データ訂正等を行う必要があります。

② データ内容等の審査

　データ形式等の即時的審査に引き続き、「法人基本情報等の必須項目が入力されているか」、「添付された電子証明書が有効期限内で、事前登録済みのものと一致するか」などのデータ内容等の審査が行われます。この第2段階の審査結果は利用者のメッセージボックスに格納されますので、e-Taxの場合には「メール詳細（受信通知）」、eLTAXの場合には「受付完了通知」と呼ばれる審査結果画面を開いて、エラー情報が無いことをあらためて確認できれば、正常に申告データが送信できたということになります。なお、エラー情報が表示された場合には、エラー原因を解明し、申告データを再作成するなどして期限内に正常データを再送信しなければ期限後申告となってしまいますので、必ず確認を行うようにしてください。

　また、データ内容等の審査結果画面は、申告データが正常に受信された証となる「受付番号」及び「受付日時」等が表示されており、従前の書面申告の場合の文書受付印の代わりになるものですが、メッセージボックス上に「メール詳細（受信通知）」及び「受付完了通知」が保存される期間は最大120日間（e-Taxのメール詳細（受信通知）については「過去分」ボタンで表示すれば最大1,900日

間表示可能）となりますので、当該保存期間中に必要に応じて印刷、保存等を行ってください。なお、株式会社 NTT データの「達人シリーズ」など一部市販ソフトには、当該審査結果をローカル上のデータベースにダウンロードする機能等を有しているものもあり、これを活用すれば、e-Tax や eLTAX システム側の保存期間に関係なく、データを保持することが出来ます。

図表 3-7　e-Tax「メール詳細（受信通知）」、eLTAX「受付完了通知」画面イメージ

メール詳細

送信されたデータを受け付けました。
なお、後日、内容確認のため、担当職員からご連絡させていただく場合がありますので、ご了承ください。

提出先	麹町税務署
利用者識別番号	2345678901234567
氏名又は名称	株式会社電子商事
代表者等氏名	電子　太郎
受付番号	20190628123456789012
受付日時	2019/06/28 12:34:56
種目	法人税及び地方法人税申告書
事業年度　自	平成30年04月01日
事業年度　至	平成31年03月31日
税目	法人税
申告の種類	確定
所得金額又は欠損金額	1,200,000,000円
差引確定法人税額	80,000,000円
欠損金又は災害損失金等の当期控除額	
翌期へ繰り越す欠損金又は災害損失金	
税目	地方法人税
申告の種類	確定
課税標準法人税額	240,000,000円
差引確定地方法人税額	4,000,000円

納税者の氏名又は名称	abc01234567　株式会社　電子商事
利用者の氏名又は名称	abc01234567　株式会社　電子商事

発行元	東京都千代田都税事務所		
発行元の所属名	法人事業税課法人事業税班		
発行元の電話番号	03-3333-3333		
発行日時	2019/06/28 12：34：56	表示期限	2019/10/26

件名	受付完了通知

送信された申告データを受付けました。後日、発行元の担当者から、申告内容についての確認をさせていただく場合がありますので、ご了承ください。また、本通知に添付された受付済みの申告書に、個人番号が含まれている場合は、削除しております。(MUD002I)
法人事業税　所得金額総額　1,200,000,000円
法人事業税　申告納付税額　14,000,000円
地方法人特別税　申告納付税額　6,000,000円
法人県民税（法人税割）　課税標準総額　240,000,000円
法人県民税（法人税割）　申告納付税額　5,000,000円
法人県民税（均等割）　申告納付税額　600,000円

受付日時	2019/06/28 12：34：56	取扱日	2019/06/28
受付番号	R1-2019-12345678		
手続名	法人都道府県民税・事業税・地方法人特別税　確定申告		
事業年度別（期別）	H30/04/01　－　H31/03/31		
提出先	東京都千代田都税事務所長		

添付ファイル	受付済みの申告書
添付ファイル名称	JetL2019062812345678901234.xml

(4) 電子納税の方法

e-Tax の電子納税には、事前に税務署へ届出等をした預貯金口座からの振替により納付する方法（ダイレクト納付）と、インターネットバンキング等を利用して納付する方法（登録方式及び入力方式）があります。

①　ダイレクト納付

ダイレクト納付とは、事前に所轄税務署に「ダイレクト納付利用届出（図表 3-8 参照）」を提出し、e-Tax で電子申告等をした後に、当該納付税額を届出済みの預貯金口座から電子納付する方法です。

法人税等の申告データ送信後に利用者のメッセージボックスで受信する「納付区分番号通知確認」画面の「ダイレクト納付」ボタン（図表3-9参照）をクリックすると、「今すぐ納付する」か、「納付日を指定して納付する」かを選択して納付することができます。

② インターネットバンキング等

　イ　登録方式

　　登録方式とは、税目、課税期間、申告区分、税額等の納付情報をe-Taxに事前登録し、当該納付情報に対応する「納付区分番号」等を取得して、インターネットバンキングやATM等から納付する方法で全税目の納付に対応しています。

　　インターネットバンキングの場合には、ダイレクト納付のケースと同様に、法人税等の申告データ送信後にメッセージボックスで受信する「納付区分番号通知確認」画面の「インターネットバンキング」ボタン（図表3-9参照）から実行することができます。「インターネットバンキング」ボタンをクリックして契約先金融機関のサイトにログインすると、事前登録した税目や税額等の情報が引き継がれて画面に表示されるので、内容を確認して払込処理を実行します。

　　また、ATMで納付する場合には、各金融機関等に設置されているPay-easy（「ペイジー」…税金・各種料金払込みサービス）対応のATM端末で、「納付区分番号通知確認」画面に記載されている収納機関番号、納付番号、確認番号及び納付区分の情報を入力すると、事前登録した税目や税額等の情報が引き継がれて画面に表示されるので、内容を確認して払込処理を実行します。

　ロ　入力方式

　　入力方式とは、事前の納付情報の登録は必要なく、インターネットバンキングやATM等から直接納付する方法で、申告所得税、法人税、地方法人税、消費税及地方消費税、申告所得税及復興特別所得税、復興特別法人税の納付に限って利用することができます。

　　入力方式の手順は、登録方式とほぼ同様ですが、事前に納付情報の登録を行わないため、納付指図をする際に、納付目的コード（税目番号、申告区分

コード、元号コード、課税期間を組み合わせた番号）と納付税額を利用者自身が入力して、納付する必要があります。

※　eLTAXの電子納税についても、基本的にはe-Taxと同様の方法によりインターネットバンキング等による納付が可能ですが、ダイレクト納付については、2019年10月以降「地方税共通納税システム」のサービス開始に伴い利用可能となる予定です。

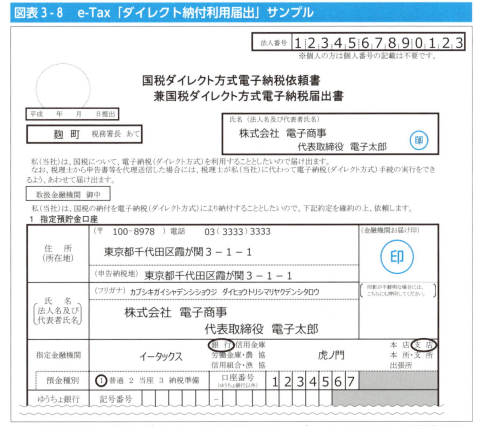

図表3-8　e-Tax「ダイレクト納付利用届出」サンプル

※　届出書提出後、実際にダイレクト納付を利用することができるまでには1か月程度を要します。

図表3-9　e-Tax「納付区分番号通知確認」画面イメージ

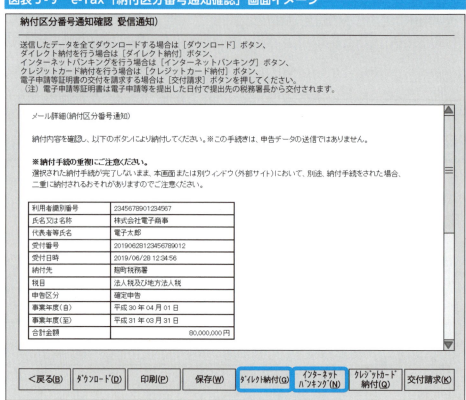

第4章

電子申告の事前準備マニュアル

1 電子証明書の取得手続

(1) 電子申告で利用可能な電子証明書

　電子申告により法人税等の申告データを提出する場合には、「申告等データの作成者が本人であるか」、「送信されたデータが改ざんされていないか」を確認するための仕組みとして、申告等データに法人代表者等の電子証明書で電子署名を付与して送信することとなります。したがって、電子申告を行うためには、まず最初に「電子証明書」を取得する必要があります。

（注1）　税理士等が納税者の申告等データを作成し送信する場合には、税理士等の電子署名の付与及び電子証明書の添付のみで送信することができます（納税証明書の交付請求手続を e-Tax を利用して行う場合は除きます。）。

（注2）　所得税徴収高計算書、納付情報登録依頼及び納税証明書の交付請求（署名省略分）のみを利用する場合には、電子証明書は不要です

　2019年3月現在、「電子申告で利用可能な電子証明書」については、下の図表4-1のとおりです。

図表4-1　電子申告で利用可能な電子証明書

発行機関	説　明	形式	証明期間	最低料金
公的個人認証サービス	地方公共団体情報システム機構の認証業務に関する法律に基づいて、地方公共団体情報システム機構が発行し、市区町村が交付するもの。 「公的個人認証サービス」に係る電子証明書を取得するためには、住民票のある市区町村にマイナンバーカード（個人番号カード）の交付申請を行い、マイナンバーカード（電子証明書が標準的に組み込まれます。）の交付を受けます。	ICカード形式	約4年～5年	無料

発行機関	説明	形式	証明期間	最低料金
商業登記認証局	法務省が運営する「商業登記認証局」が発行するもの。（日本電子認証株式会社法人認証カードサービス含む。）なお、電子証明書の申請受付、発行等は、法人等の登記を管轄する全国の登記所のうち指定を受けた登記所で行われています。	ファイル形式	3か月～27か月	2,500円（3か月）
日本税理士会連合会認証局	税理士証明書発行サービスに係る認証局が作成する電子証明書（発行手続等運営については㈱NTTネオメイトに委託。）	ICカード形式	約4年～5年（現行の第四世代の有効期間は2021年12月31日）	無料
㈱帝国データバンク	TDB電子認証サービスType Aに係る認証局が作成する電子証明書	ICカード形式	約2年1か月～4年10か月	28,000円（約2年1か月）
東北インフォメーション・システムズ㈱	TOiNX電子入札対応認証サービスに係る認証局が作成する電子証明書	ICカード形式	約2年1か月～4年6か月	23,000円（約2年1か月）
日本電子認証㈱	AOSignサービスG2に係る認証局が作成する電子証明書	ICカード形式	約1年1か月～5年	15,000円（約1年1か月）
㈱NTTネオメイト（旧㈱NTTアプリエ）	e-Probatio PS2サービスに係る認証局が作成する電子証明書	ICカード形式	約1年1か月～5年	15,000円（約1年1か月）
セコムトラストシステムズ㈱	セコムパスポート for G-IDに係る認証局が作成する電子証明書	ファイル形式	約2年1か月～3年1か月	14,000円（約2年1か月）
三菱電機インフォメーションネットワーク㈱（旧ジャパンネット㈱）	DIACERTサービスに係る認証局が作成する電子証明書 DIACERT-PLUSサービスに係る認証局が作成する電子証明書	ICカード形式	約1年1か月～4年10か月	11,000円（約1年）

※　一般の法人が利用可能な電子証明書を前提としていますので、行政機関や地方自治体が利用するものを除いています。
※　商業登記認証局の電子証明書の料金は消費税非課税、それ以外の電子証明書の料金はすべて消費税抜きの表示となっています。

　電子申告で利用可能な電子証明書のうち、「公的個人認証サービス」に基づく電子証明書は、従前は「住民基本台帳カード（住基カード）」に格納されて発行

されていたもので、現在は「マイナンバーカード」に格納して発行されています。初回発行時の手数料は無料で、有効期間は電子証明書発行の日から5回目の誕生日までとなっています。ただ、マイナンバーカードは運転免許証のように身分証明書として利用できるプライバシー性の強いカードですから、管理運用上の観点からも扱いにくく、一定規模以上の法人における電子手続ではほとんど利用されていません。

　一方、法人の代表者が利用する電子証明書として最もポピュラーなものが「商業登記認証局」に基づく電子証明書です。これを取得するには、①専用ソフトを法務省ホームページからダウンロードして申請書等を作成し、②法人の本店所在地を管轄する登記所に出向いて、証明期間（3か月～27か月）に応じた手数料（12か月の場合7,900円）を納付して申請書等を提出すると、③インターネット経由で電子証明書ファイルをダウンロードすることができます。ダウンロード時に電子証明書の保存場所を担当者自身が選択してUSBメモリ等の外部記憶媒体やパソコンのローカル上に保存することが可能で、マイナンバーカード（「公的個人認証サービス」に基づく電子証明書）などのようにICカードに組み込まれる電子証明書ではないため、ICカードリーダライタを購入する必要はありません（商業登記認証局の電子証明書を取得するための詳細な手順については、53ページ以降に掲載しています。）。

　従前から、官公庁への電子申請や電子入札等のために「民間認証機関が発行する電子証明書」を利用している会社もあると思われますので、当該電子証明書が図表4-1に掲げられたものであれば、そのまま電子申告に利用することができます。新たに民間認証局に電子証明書の発行申請を行う場合には、申込時に公的書類（代表者等名義人の住民票の写し、代表者等名義人の実印の印鑑証明書、登記事項証明書［商業登記簿謄本］及び会社代表者印の印鑑証明書等）の提出が必要となります。また、セコムトラストシステムズ株式会社（ダウンロードファイル形式）以外の電子証明書はICカードに格納されるタイプですから、別途ICカードリーダライタの購入も必要です。

(2) 商業登記認証局の電子証明書の取得方法

　以下では、法人が電子申告で利用する最もポピュラーな商業登記認証局の電子証明書の取得方法について、実際の入力画面に沿って手順ごとに解説します。

【STEP 1】「商業登記電子認証ソフト」のインストール（54ページ）

　電子証明書の発行申請用ファイル等を作成するために、専用ソフト（「商業登記電子認証ソフト」）を法務省ホームページからダウンロードし、パソコンにインストールします。

【STEP 2】電子証明書の発行申請に必要なファイルの作成（58ページ）

　「商業登記電子認証ソフト」を使用して、証明書発行申請ファイル等を作成します。

【STEP 3】電子証明書の発行申請（63ページ）

　STEP 2で作成したファイル等を持参して、管轄登記所へ電子証明書の発行申請を行います。

【STEP 4】電子証明書の取得（65ページ）

　「商業登記電子認証ソフト」を使用して、インターネット経由で電子証明書を取得（ダウンロード）します。

【STEP 5】その他の機能（68ページ）

　「商業登記電子認証ソフト」の「その他の機能」を使用して、電子証明書の有効性や内容の確認を行うことができます。

　なお、電子証明書の発行手数料は、証明期間3か月で2,500円、3か月を超えると超過期間3か月ごとに1,800円を加算した額となります（最大27か月）。代表者変更など証明期間中に記録事項に変更があった場合には、電子証明書は失効し、手数料の払い戻しは行われませんのでご注意ください。

証明期間	3か月	6か月	9か月	12か月	15か月	18か月	21か月	24か月	27か月
発行手数料	2,500円	4,300円	6,100円	7,900円	9,700円	11,500円	13,300円	15,100円	16,900円

54　第4章　電子申告の事前準備マニュアル

【STEP 1】「商業登記電子認証ソフト」のインストール

STEP 1-3

解説 「次へ」をクリックします。

STEP 1-4

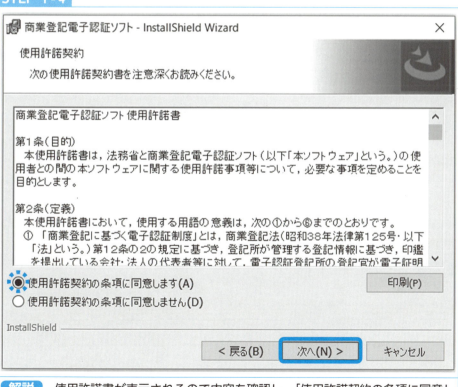

解説 使用許諾書が表示されるので内容を確認し、「使用許諾契約の条項に同意します」にチェックを付けて、「次へ」をクリックします。

56　第4章　電子申告の事前準備マニュアル

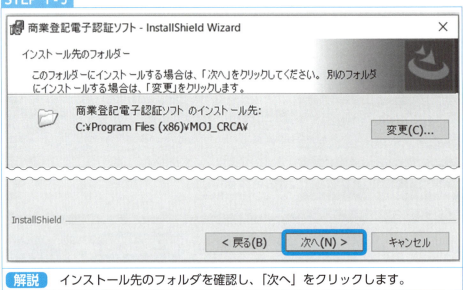

解説　インストール先のフォルダを確認し、「次へ」をクリックします。

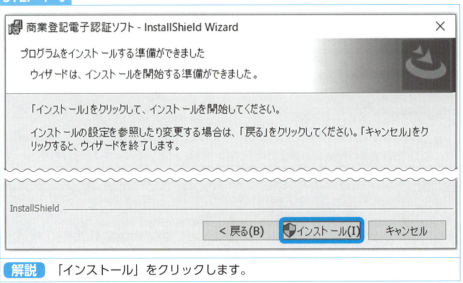

解説　「インストール」をクリックします。

1　電子証明書の取得手続　57

STEP 1-7

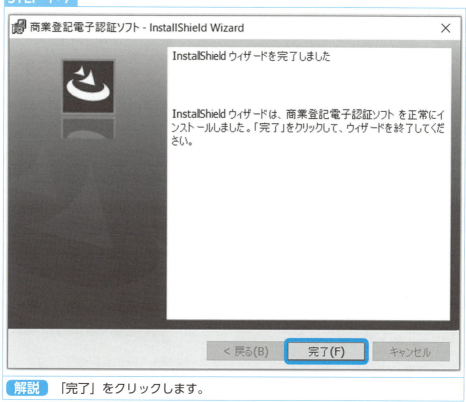

解説　「完了」をクリックします。

STEP 1-8

解説　パソコンのデスクトップ上に商業登記電子認証ソフトのショートカットアイコンが表示されますので、ダブルクリックして起動します。

58　第4章　電子申告の事前準備マニュアル

【STEP 2】電子証明書の発行申請に必要なファイルの作成

STEP 2-1

商業登記電子認証ソフト Ver.1.9　-　メニュー画面

商業登記電子認証ソフト

電子認証登記所が発行する会社・法人の代表者等の電子証明書の発行申請及び取得のためのソフトウェアです。

― メニュー画面 ―

手順1　**鍵ペアファイル及び証明書発行申請ファイルの作成**

電子証明書の発行申請を行うに当たり，管轄登記所に提出していただくファイル等を作成してください。

手順2　**管轄登記所への電子証明書の発行申請**

電子証明書発行申請書とともに，手順1で作成した「SHINSEIファイル」が格納されている外部媒体を管轄登記所の窓口に提出し，あわせて，印鑑カードを管轄登記所の窓口に提示してください。申請書等を提出し，管轄登記所での手続が完了した後，管轄登記所の窓口で「電子証明書発行確認票」が交付されます。

手順3　**電子証明書取得**

インターネット経由で電子証明書を取得します。管轄登記所から交付された電子証明書発行確認票と作成済みの鍵ペアファイルを用意して，電子証明書を取得します。

その他機能　**その他の機能（必要に応じて使用する機能です。）**

その他の機能として，「電子認証登記所との接続確認」，「通信環境設定」，「証明書発行申請ファイル内容確認」，「電子証明書表示」，「電子証明書有効性確認」，「電子証明書使用休止」，「休止届出用暗証コード変更届出ファイル作成」の各機能があります。

終了

解説　メニュー画面が表示されるので、手順1の「鍵ペアファイル及び証明書発行申請ファイルの作成」をクリックします。

STEP 2-2

商業登記電子認証ソフト Ver.1.9 － 鍵ペアファイル及び証明書発行申請ファイル作成

鍵ペアファイル及び証明書発行申請ファイル作成

商号又は名称　※必須	株式会社電子商事
商号又は名称の表音・略称等	
本店又は主たる事務所　※必須	東京都千代田区霞が関三丁目1番1号
印鑑提出者の氏名　※必須	電子太郎
印鑑提出者の氏名の表音	
印鑑提出者の資格　※必須	代表取締役
電子証明書の有効期間（証明期間）　※必須	12 ヶ月
電子証明書の鍵長　※必須	2,048 ビット
鍵ペアファイルパスワード　※必須	☑ denshi01
鍵ペアファイルパスワード（確認用）　※必須	☑ denshi01
電子証明書の使用休止届出用暗証コード　※必須	☑ denshi02
電子証明書の使用休止届出用暗証コード（確認用）※必須	☑ denshi02
証明書発行申請ファイルの格納先　※必須	E:¥ 　参照
鍵ペアファイル及び発行申請書・委任状ファイルの格納先　※必須	C:¥Users¥sakam¥Desktop 　参照

各欄を入力した後，鍵ペアファイル及び証明書発行申請ファイル作成実行ボタンをクリックしてください。

[鍵ペアファイル及び証明書発行申請ファイル作成実行]　　[戻る]

解説　必須項目について、登記されているとおりに入力し、「鍵ペアファイル及び証明書発行申請ファイル作成実行」をクリックします。

　鍵ペアファイルとは、電子証明書の発行の際に必要となる秘密鍵と公開鍵の一対のペアの鍵情報が格納されるファイルで、電子証明書の発行申請後、電子証明書を取得（ダウンロード）する際に必要となるものです。

　「鍵ペアファイルパスワード」は、半角英数字8文字以上30文字以下で入力してください（英数字混在必須で、英字は大文字か小文字の片方のみの入力でも可）。

　また、電子証明書の使用を休止したい場合に必要となる「電子証明書の使用休止届出用暗証コード」は、半角英数字8文字以上64文字以下で入力してください（英数字混在必須で、英字は大文字か小文字の片方のみの入力でも可）。

※その他の入力項目についても、入力箇所にカーソルをあてると、下部余白に入力ガイドが表示されます。

STEP 2-3

商業登記電子認証ソフト Ver.1.9 － 鍵ペアファイル及び証明書発行申請ファイル作成結果

鍵ペアファイル及び証明書発行申請ファイル作成結果

鍵ペアファイルを作成しました。
（鍵ペアファイルの格納先：ファイル名　C:¥Users¥sakam¥Desktop¥20181109090832鍵ペア）

　鍵ペアファイルは，電子証明書の発行申請後，電子証明書の取得（本ソフトの手順3）時に必要となりますので，厳重に保管してください。電子証明書を取得するには，証明書発行申請ファイル（ファイル名「SHINSEI」）と同時に作成された鍵ペアファイルが必要です。別途，鍵ペアファイルだけを作成しても，電子証明書は取得することができません。また，鍵ペアファイルは，ダブルクリックしても開くことはできません。無理に開こうとすると，ファイルが破損し，電子証明書が取得できなくなる可能性がありますので，ご注意ください。

証明書発行申請ファイル（ファイル名「SHINSEI」）を作成しました。
（証明書発行申請ファイルの格納先：ファイル名　E:¥SHINSEI）

　証明書発行申請ファイルは，外部媒体（CD-R，USBメモリ等）に保存して，管轄の登記所に提出していただきます。
　外部媒体以外の場所に保存した場合は，別途，外部媒体にフォルダを作成せず，直接，証明書発行申請ファイル（ファイル名「SHINSEI」）のみを保存し，管轄登記所に提出してください。また，証明書発行申請ファイルは，ダブルクリックしても開くことはできません。内容を確認したい場合は，本ソフトの「その他の機能（証明書発行申請ファイル確認機能）」をご利用ください。
　（詳しくは，http://www.moj.go.jp/MINJI/minji06_00034.htmlをご覧ください。）。

発行申請書・委任状ファイルを作成しました。
（発行申請書・委任状ファイル格納先：ファイル名　C:¥Users¥sakam¥Desktop¥20181109090832申請書・委任状.pdf）

　この発行申請書・委任状ファイルには，電子証明書発行申請書及び委任状のページがあります。このファイルのページを利用して申請する場合には，上記のファイル名をクリックしてファイルを開き，印刷の上，空白部分を必要に応じて追記してください。

　本画面の作成結果の情報をテキストファイルで保存することができます。テキストファイルで保存する場合は，ファイル作成結果保存ボタンをクリックしてください。保存しない場合には，メニュー画面ボタンをクリックしてください。

[ファイル作成結果保存]　　　　　　[メニュー画面]

解説　ステップ3以降で使用する
①鍵ペアファイル
②証明書発行申請ファイル（ファイル名：「SHINSEI」）
③発行申請書・委任状ファイル
が作成されます。

1　電子証明書の取得手続　　61

STEP 2-4

解説　ステップ2-2で指定した格納先（ここでは「USBメモリ」）に「SHINSEIファイル」が格納されていることを確認します。

STEP 2-5

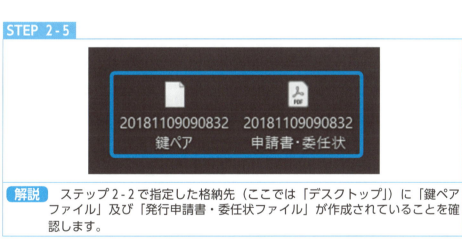

解説　ステップ2-2で指定した格納先（ここでは「デスクトップ」）に「鍵ペアファイル」及び「発行申請書・委任状ファイル」が作成されていることを確認します。

STEP 2-6

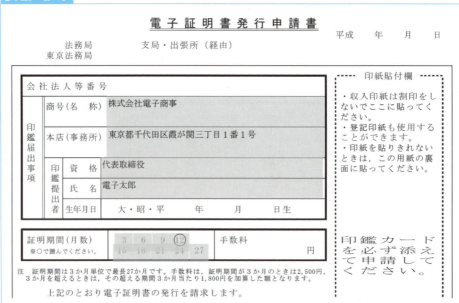

> **解説** 「発行申請書・委任状ファイル（PDFファイル）」を印刷し、印鑑提出者生年月日、手数料及び印鑑提出者氏名を補完記入して、登記所に届け出ている印鑑を押印します。
> ※代理人が提出する場合には、「代理人」欄及び「委任状」欄への記載押印が必要です。

1 電子証明書の取得手続 63

【STEP 3】電子証明書の発行申請

STEP 3-1

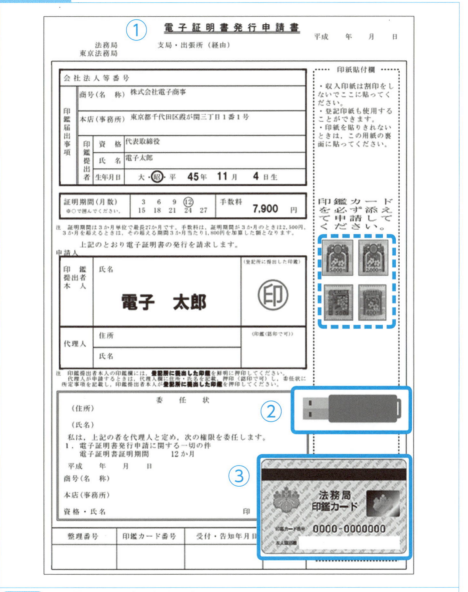

解説
① 「電子証明書発行申請書」
② 「SHINSEIファイル」のみを保存したCD、DVD又はUSBメモリ
③ 「印鑑カード」
　以上3点を持参して管轄登記所へ出向いて、①及び②を提出し、③を提示して、電子証明書の発行申請を行います。
※登記所窓口で手数料分の登記印紙を購入し、発行申請書に貼付して提出します。

STEP 3-2

電子証明書発行確認票

整理番号	電子証明書－申請－000001－00
商号／名称	株式会社電子商事
商号／名称（英字）	
本店／主たる事務所	東京都千代田区霞が関三丁目1番1号
提出者資格	代表取締役
提出者氏名	電子太郎
提出者氏名（英字）	
電子証明書有効期間	12
シリアル番号	**201821000012345**
管轄登記所	東京法務局

認証端末　C1234L56
1/E ページ

平成30年11月9日　12時00分作成

> **解説**　手続完了後、窓口で「電子証明書発行確認票」が交付されます。
> （「SHINSEI ファイル」を保存して提出した外部記憶媒体も返却されます。）

【STEP 4】電子証明書の取得

STEP 4-1

会社等に戻り、商業登記電子認証ソフトを起動して、メニュー画面から「電子証明書取得」をクリックします。

STEP 4-2

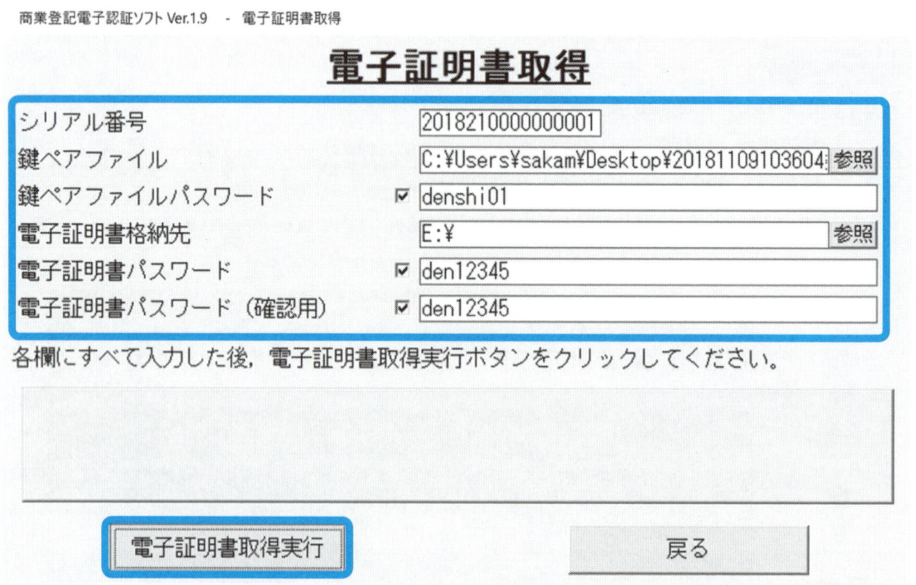

商業登記電子認証ソフト Ver.1.9 － 電子証明書取得

電子証明書取得

シリアル番号	201821000000001
鍵ペアファイル	C:¥Users¥sakam¥Desktop¥20181109103604 [参照]
鍵ペアファイルパスワード	☑ denshi01
電子証明書格納先	E:¥ [参照]
電子証明書パスワード	☑ den12345
電子証明書パスワード（確認用）	☑ den12345

各欄にすべて入力した後，電子証明書取得実行ボタンをクリックしてください。

[電子証明書取得実行]　　　　[戻る]

解説
① 「電子証明書取得」画面が表示されますので、ステップ3-2で受領した「電子証明書発行確認票」に記載されている「シリアル番号」を入力します。
② ステップ2-5の「鍵ペアファイル」の格納先を指定し、事前に設定した鍵ペアファイルのパスワードを入力します。
③ これからダウンロードする電子証明書の格納先と電子証明書のパスワードを指定して、「電子証明書取得実行」をクリックします。
※「電子証明書パスワード」は、半角英数字8文字以上30文字以下で入力してください（英数字混在必須で、英字は大文字か小文字の片方のみの入力でも可）。
パスワードを忘れると電子証明書を使用することができなくなりますので、ご注意ください。

1 電子証明書の取得手続　67

STEP 4-3

商業登記電子認証ソフト Ver.1.9　-　電子認証登記所との通信について

電子認証登記所との通信について

　電子証明書の取得や有効性確認又は使用休止届を行う際には，電子認証登記所からメッセージを受信することになります。そのメッセージには，電子証明書の発行者の情報（電子認証登記所登記官の電子証明書）が添付されます。
　今回のメッセージに添付される電子証明書の情報（電子証明書のハッシュ値）は，次のとおりです。
　SHA-1　:D250 2B50 9F57 7447 44AC 8C99 C985 4A49 52F5 4C63
　SHA-256:9CD6 8A78 28FA B458 50DA EA7D D1ED ED1C 5661 BE84 42BF DB91 81E8 5FB8 1E09 2FC4

【確認のお願い】
　上記のハッシュ値が法務省ホームページの「電子認証登記所登記官の電子証明書について」のページ（http://www.moj.go.jp/ONLINE/CERTIFICATION/REGISTRY/registry12-1.html←こちらをクリック）に掲載されている電子証明書のハッシュ値のいずれかと一致するかを確認してください。

《一致するハッシュ値がある場合》　「続行」ボタンをクリックしてください。
　※　パソコン内に上記の情報が登録され，以後，電子認証登記所からメッセージを受信する際，発行者の情報が同じであるときには，本画面は表示されません。なお，電子証明書の発行者の情報は，通常，1年に1回変更します。

《一致するハッシュ値がない場合》　「中断」ボタンをクリックしてください。
　※　通信先が電子認証登記所ではない可能性がありますので，通信先を確認してください。

[続行]　　　　　[中断]

解説　登記所と正しく通信されているかを確認するため、初回通信時等には「電子認証登記所との通信について」という注意事項が表示されますので、リンク先のHPに記載されている「電子証明書のハツシュ値（16進数）」のいずれかと一致することを確認し「続行」をクリックします。

STEP 4-4

商業登記電子認証ソフト Ver.1.9　-　電子証明書取得結果

電子証明書取得結果

電子証明書を取得しました。
　（電子証明書ファイル名　E:¥20181109124349電子証明書.p12）
取得した電子証明書ファイルは，今後，電子申請・申告等における電子署名の付与の際などに使用するファイルとなります。
なお，電子証明書ファイルについては，厳重に管理してください。

[メニュー画面]

解説　電子証明書ファイルのダウンロードが完了すると、「電子証明書取得結果」が表示されます。

STEP 4-5

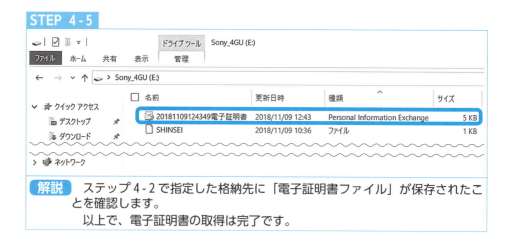

解説 ステップ4-2で指定した格納先に「電子証明書ファイル」が保存されたことを確認します。
　　　以上で、電子証明書の取得は完了です。

【STEP 5】その他の機能

STEP 5-1

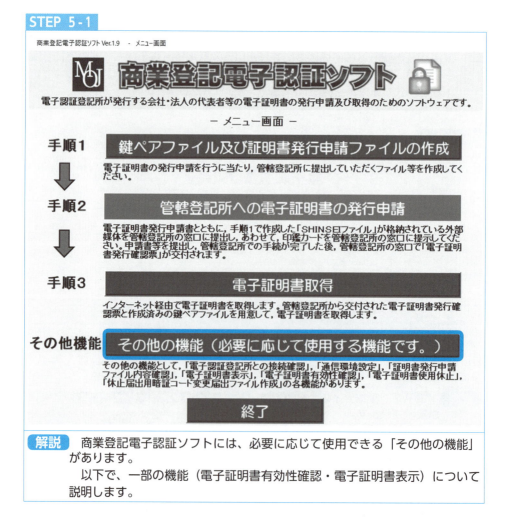

解説 商業登記電子認証ソフトには、必要に応じて使用できる「その他の機能」があります。
　　　以下で、一部の機能（電子証明書有効性確認・電子証明書表示）について説明します。

1　電子証明書の取得手続　　69

STEP 5-2

商業登記電子認証ソフト Ver.1.9　-　その他の機能

その他の機能

- **電子認証登記所との接続確認**
  貴社のネットワーク上で電子認証登記所と通信することができるかを電子証明書発行申請前に確認するための機能です。

- **電子証明書有効性確認**
  取得した電子証明書ファイルの有効性確認を行うための機能です。

- **通信環境設定**
  通信環境の設定を変更する場合に使用する機能です。

- **電子証明書使用休止**
  取得した電子証明書の使用を休止したい場合に、インターネット経由で電子証明書の休止を届け出るための機能です。

- **証明書発行申請ファイル内容確認**
  証明書発行申請ファイル（ファイル名「SHINSEI」）の内容を確認する機能です。

- **休止届出用暗証コード変更届出ファイル作成**
  電子証明書の使用休止届出用暗証コードを変更したい場合に、登記所に提出する休止届出用暗証コード変更届出ファイルを作成するための機能です。

- **電子証明書表示**
  取得した電子証明書ファイルの内容を表示する機能です。

[戻る]

解説　メニュー画面から「その他の機能」を選択し、「電子証明書有効確認」をクリックします。

STEP 5-3

商業登記電子認証ソフト Ver.1.9　-　電子証明書有効性確認

電子証明書有効性確認

電子認証登記所が発行した電子証明書の有効性を確認します。

電子証明書ファイル　　E:¥20181109124349電子証明書.p12　［参照］
電子証明書パスワード　☑ den12345

　現時点での有効性を確認する場合には、電子証明書ファイルの選択及びパスワードの入力後、電子証明書有効性確認実行ボタンをクリックしてください。
　日時を指定して有効性を確認する場合には、確認日時入力にチェックの上、日時を選択して、電子証明書有効性確認実行ボタンをクリックしてください。

☐ 確認日時入力　　［　］年［　］月［　］日［　］時［　］分［　］秒

　電子証明書の取得時に設定したパスワードを入力してください。
　左側のチェックボックスにチェックを入れると、入力した実際の値が表示されます。

[電子証明書有効性確認実行]　　　[戻る]

解説　「参照」ボタンにより、電子証明書の格納先を指定し、「電子証明書パスワード」を入力して「電子証明書有効性確認実行」をクリックします。

70　第4章　電子申告の事前準備マニュアル

STEP 5-4

商業登記電子認証ソフト Ver.1.9　-　電子証明書有効性確認結果

電子証明書有効性確認結果

電子証明書は，有効です。
確認日：2018年11月9日12時47分31秒

［その他の機能画面］

解説　電子証明書の有効性確認結果が表示されます。
「有効」となっていれば問題なく電子証明書を利用できます。

STEP 5-5

商業登記電子認証ソフト Ver.1.9　-　その他の機能

その他の機能

［電子認証登記所との接続確認］
貴社のネットワーク上で電子認証登記所と通信することができるかを電子証明書発行申請前に確認するための機能です。

［電子証明書有効性確認］
取得した電子証明書ファイルの有効性確認を行うための機能です。

［通信環境設定］
通信環境の設定を変更する場合に使用する機能です。

［電子証明書使用休止］
取得した電子証明書の使用を休止したい場合に，インターネット経由で電子証明書の休止を届け出るための機能です。

［証明書発行申請ファイル内容確認］
証明書発行申請ファイル（ファイル名「SHINSEI」）の内容を確認する機能です。

［休止届出用暗証コード変更届出ファイル作成］
電子証明書の使用休止届出用暗証コードを変更したい場合に，登記所に提出する休止届出用暗証コード変更届出ファイルを作成するための機能です。

［**電子証明書表示**］
取得した電子証明書ファイルの内容を表示する機能です。

［戻る］

解説　メニュー画面から「その他の機能」を選択し、「電子証明書表示」をクリックします。

1 電子証明書の取得手続　71

STEP 5-6

商業登記電子認証ソフト Ver.1.9　-　電子証明書表示

電子証明書表示

電子証明書を表示します。

| 電子証明書ファイル | E:¥20181109124349電子証明書.p12 | 参照 |
| 電子証明書パスワード | ☑ den12345 | |

電子証明書ファイルを選択しパスワードを入力した後，電子証明書表示実行ボタンをクリックしてください。

電子証明書取得時に設定したパスワードを入力してください。
左側のチェックボックスにチェックを入れると，入力した実際の値が表示されます。

[電子証明書表示実行]　　[戻る]

解説　「参照」ボタンにより、電子証明書の格納先を指定し、「電子証明書パスワード」を入力して「電子証明書表示実行」をクリックします。

STEP 5-7

商業登記電子認証ソフト Ver.1.9　-　電子証明書表示結果

電子証明書表示結果

シリアル番号	2018210000012345
有効期間	2018年11月09分12時00分00秒～2019年11月09日23時59分59秒
発行者（issuer）	CN=Registrar of Tokyo Legal Affairs Bureau, OU=Ministry of Justice, O=Japanese Government, C=JP
主体者（subject）	CN=0402010000002, O=MOJ No.000123456789, C=JP
商号又は名称	株式会社電子商事
会社法人等番号	0001234546789
本店又は主たる事務所	東京都千代田区霞が関三丁目1番1号
印鑑提出者の氏名	電子太郎
印鑑提出者の資格	代表取締役
管轄登記所名	東京法務局

※指定された電子証明書は、2019年11月09日で有効期間が満了しますので、その前に、再度、電子証明書の発行申請を行うこと等をご検討ください。

[その他の機能画面]

解説　電子証明書の内容が表示され、有効期間、発行者、商号、本店所在地、代表者等の内容を確認することができます。

2 e-Tax の事前準備

(1) e-Tax 開始届出書の提出

　e-Tax を利用するためには、事前に開始届出書を所轄税務署に提出し、利用者識別番号を取得する必要があります。書面により提出する方法もありますが、この場合には利用者識別番号等の通知書が手元に届くまで 1 週間程度を要しますので、以下では、利用者識別番号を即時に取得できるオンラインによる開始届出書の提出方法を解説します。

　なお、開始届出書は顧問税理士等に代理提出を依頼することも可能です。

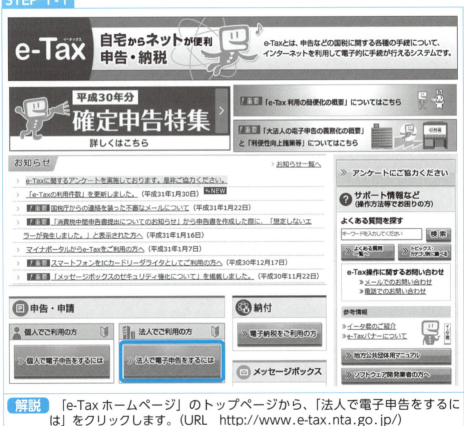

解説　「e-Tax ホームページ」のトップページから、「法人で電子申告をするには」をクリックします。（URL　http://www.e-tax.nta.go.jp/）

STEP 1-2

解説 「法人でご利用の方」という画面が表示されるので、「開始届出書を提出する」をクリックします。

STEP 1-3

解説 「e-Tax 開始（変更等）届出書作成・提出コーナー（事前準備）」をクリックします。

74　第4章　電子申告の事前準備マニュアル

STEP 1-6

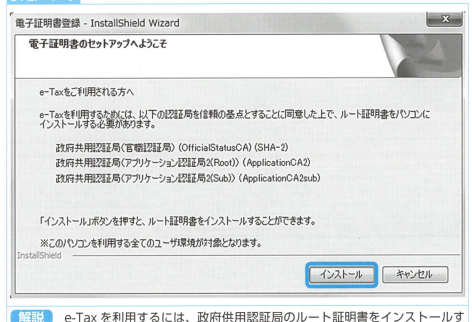

解説 e-Tax を利用するには、政府供用認証局のルート証明書をインストールする必要があるため、「インストール」をクリックします。

STEP 1-7

解説 ルート証明書のインストールが完了したら、エンターキーを押して画面を閉じます。

76　第4章　電子申告の事前準備マニュアル

STEP 1-10

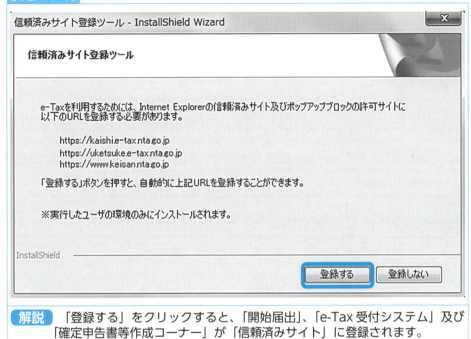

解説 「登録する」をクリックすると、「開始届出」、「e-Tax 受付システム」及び「確定申告書等作成コーナー」が「信頼済みサイト」に登録されます。

STEP 1-11

解説 「信頼済みサイト」の登録結果を確認し、「完了」をクリックします。

STEP 1-12

- 手順① 利用規約の確認
- 手順② 利用環境の確認
- 手順③ ルート証明書・中間証明書のダウンロード及びインストール
- 手順④ 信頼済みサイト及びポップアップブロックの許可サイトへの登録
- 手順⑤ 届出書の選択

解説 手順⑤の「【届出書の選択】へ」をクリックします。

STEP 1-13

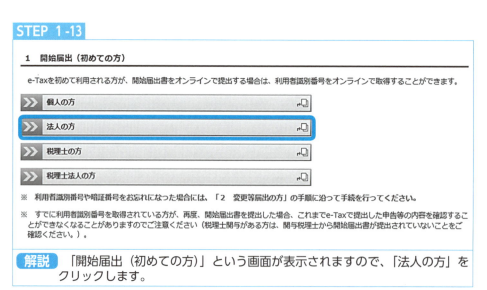

解説 「開始届出（初めての方）」という画面が表示されますので、「法人の方」をクリックします。

STEP 1-14

解説 「次へ」をクリックします。

STEP 1-15

開始届出(法人用) 新規

法人名称等の入力 → 代表者情報の入力 → 本店又は主たる事務所の入力 → 暗証番号等の入力 → 入力内容の確認 → 利用者識別番号等の通知

法人名称等の入力

以下の項目を入力し、『次へ』をクリックしてください。

法人番号	7 - 0001 - 2345 - 6789 (半角数字)
組織名称(株式会社等) 組織名称がリストにない場合	組織名称が法人名称の前後どちらに付くか選択してください。 ● 前　○ 後 リストから選択してください。 株式会社 ※組織名称がリストにない場合は、左記の『組織名称がリストにない場合』を参考に入力してください。
法人名称(フリガナ) ※必須	デンシショウジ　(例)コクゼイショウジ　(全角カタカナ) ※「カブシキガイシャ」等の組織名称は入力不要です。
法人名称 ※必須	電子商事　(例)国税商事　(全角) ※「株式会社」等の組織名称は入力不要です。

支店等の届出を提出する場合は、「支店等」を選択した上、支店等名称を入力してください。
● 本店又は主たる事務所　○ 支店等

支店等名称(フリガナ)	(例)オオテマチシテン (全角カタカナ)
支店等名称	(例)大手町支店 (全角)

郵便番号	100 - 8978 (例)100-8978 (半角数字)　[郵便番号から住所と提出先税務署を検索]
納税地 ※必須	都道府県: 東京都　(例)東京都 市区町村: 千代田区霞が関　(例)千代田区霞が関 (全角) 丁目・番地: 三丁目1番1号　(例)3丁目1番1号 (全角) ビル名等: 　(例)財務ビル201 (全角)
電話番号	03 - 1111 - 1111 (半角数字)

提出先税務署の選択

提出先税務署 ※必須	リストから(1)都道府県を選択し、(2)税務署名を選択してください。 (1)都道府県 東京都　(2)税務署名 麹町 所轄の税務署は「こちら」からご確認ください。

[← 戻る]　[次へ →]

> **解説**　「開始届出(法人用)新規」画面が表示されますので、「法人番号(13桁)」、「法人名称」及び「納税地」等を入力し、「提出先税務署」を選択して、「次へ」をクリックします。
> 　※1　支店等の届出を提出する場合は、「支店等」を選択し「支店等名称」を入力してください。
> 　※2　郵便番号を入力し、「郵便番号から住所と提出先税務署を検索」をクリックすると、該当の市区町村や提出先税務署が自動表示されます。

80　第4章　電子申告の事前準備マニュアル

STEP 1-16

解説　提出先税務署を確認し、「OK」をクリックします。

STEP 1-17

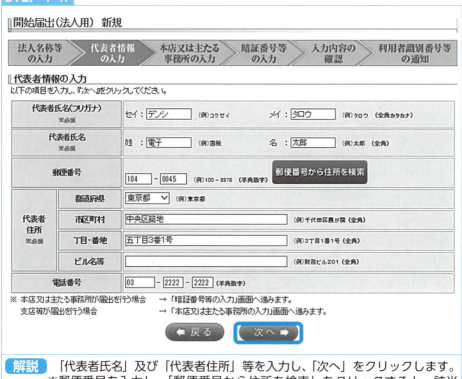

解説　「代表者氏名」及び「代表者住所」等を入力し、「次へ」をクリックします。
　　　※郵便番号を入力し、「郵便番号から住所を検索」をクリックすると、該当の市区町村が自動表示されます。

STEP 1-18

開始届出(法人用) 新規

法人名称等の入力 › 代表者情報の入力 › 本店又は主たる事務所の入力 › **暗証番号等の入力** › 入力内容の確認 › 利用者識別番号等の通知

暗証番号等の入力

以下の項目を入力し、『確認』をクリックしてください。

暗証番号 ※必須 ❓暗証番号とは	ご自身で決めた英小文字と数字を含む半角8桁以上を入力してください。 [etax1234] (半角英数) 確認のためもう一度入力してください。 [etax1234] (半角英数)
秘密の質問と答え ❓秘密の質問と答えの入力について	「秘密の質問と答え」を入力していただくと、暗証番号をお忘れの場合にご本人で暗証番号の再設定が行えます。 登録する場合は暗証番号と同じように、他の人に知られないようにしてください。 また、暗証番号の再設定時に設立年月日も合わせて入力を行う必要があるため、登録を行います。 「秘密の質問と答え」を登録いただく場合、メールアドレスの入力が必須となります。❓さらに詳しく 秘密の質問を選択してください。 [ペットの名前 ▼] 質問の答えを20文字以内で入力してください。 [イータ] (全角)
設立年月日	[平成 ▼] [1] 年 [4] 月 [1] 日 (半角数字)

この後に表示される「入力内容の確認」及び「利用者識別番号等の通知」画面へ暗証番号を表示しますか。
◉ 表示する　○ 表示しない

納税用確認番号等の入力

納税用確認番号 ※必須 ❓納税用確認番号とは	電子納税用の暗証番号です。 半角数字6桁を入力してください。 [123456] (半角数字)
納税用カナ氏名・名称 ※必須 ❓納税用カナ氏名・名称とは	電子納税時にATM等に表示されるご自身の氏名・名称です。 必要があれば、すべて半角の24文字以内で更新してください。 [デンシヨウジ] (半角)

|| 登録を推奨する入力項目です。

メインメールアドレス ❓メールアドレスの入力について	登録されたメールアドレスに、確定申告に関するお知らせ（法人税申告書の中間申告分の納税額等）や電子納税証明書の発行確認等を電子申告・納税システムのメッセージボックスに格納した場合に、その旨をお知らせします。❓さらに詳しく ご注意 メールアドレスを誤って入力されますと、お知らせメール等が誤送信される可能性があります。メールアドレスはお間違えのないよう入力してください。 denshi@tax-wave.com　（半角英数） 確認のためもう一度入力してください。 denshi@tax-wave.com　（半角英数）
サブメールアドレス1	（半角英数） 確認のためもう一度入力してください。 （半角英数）
サブメールアドレス2	（半角英数） 確認のためもう一度入力してください。 （半角英数）

☑ お知らせメールに宛名を表示する場合は、左の四角にチェックの上、宛名を入力してください。

お知らせメールへ表示する宛名 ❓宛名の入力について	宛名を登録いただくと、e-Taxからのお知らせメールに宛名が表示されます。 宛名を設定する場合、メインメールアドレスに案内メールを送信しますので、案内メールの確認を行ってください。❓さらに詳しく ご注意 メールの到達確認が完了するまでは、e-Taxからのお知らせメールに宛名は表示されません。 お知らせメールへ表示する宛名を30文字以内で入力してください。 電子商事　　（全角）

解説　「暗証番号」、「納税用確認番号」及び「メールアドレス（任意）」等を入力し、「確認」をクリックします。

※1　暗証番号は半角で、英小文字と数字をそれぞれ含んで8桁以上で入力してください。

　　　使用できる文字は「大文字及び小文字の半角英字」、「半角数字」及び「半角記号（!/=+:#,@$-%_.）」です。

※2　納税用確認番号は半角数字6桁で入力してください。

※3　納税用カナ氏名・名称は自動表示されますが、補正等を行う場合は以下の点に注意してください。
　　①半角24文字以内
　　②カナ小文字（ァィゥェォッャュョ）や長音（ー）は使用できませんので、カナ大文字（アイウエオツヤユヨ）やマイナス（－）で代替入力してください。

※4　メールアドレスを登録しておくと、メッセージボックスに「申告書提出についてのお知らせ」などの情報が格納された場合に、「税務署からのお知らせ」メールが届きます。
　　　メールアドレスは最大で3件まで登録できます。

STEP 1-19

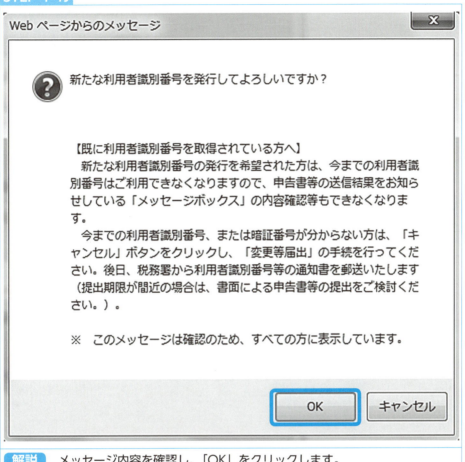

解説 メッセージ内容を確認し、「OK」をクリックします。

STEP 1-20

開始届出（法人用）新規

法人名称等の入力 → 代表者情報の入力 → 本店又は主たる事務所の入力 → 暗証番号の入力 → **入力内容の確認** → 利用者識別番号等の通知

入力内容の確認

以下の内容で間違いなければ、『送信』をクリックしてください。
内容を訂正する場合には『訂正』をクリックしてください。

	手続名称	開始届出（法人用）新規
	届出の内容	利用開始（申告・納税等手続）
	提出年月日	平成31年2月3日
	法人番号	7-0001-2345-6789
法人名称等	法人名称（フリガナ）	デンシショウジ
	法人名称	株式会社電子商事
	支店等名称（フリガナ）	
	支店等名称	
	郵便番号	100-8978
	納税地	東京都千代田区霞が関三丁目1番1号
	電話番号	03-1111-1111
	提出先税務署	麹町税務署
代表者情報	代表者氏名（フリガナ）	デンシ タロウ
	代表者氏名	電子 太郎
	郵便番号	104-8449
	代表者住所	東京都中央区築地五丁目3番1号
	電話番号	03-2222-2222
本店又は主たる事務所	法人名称（フリガナ）	
	法人名称	
	郵便番号	
	所在地	
	電話番号	
	暗証番号	etax1234

解説 「入力内容の確認」画面が表示されるので、訂正がある場合には「訂正」をクリックし訂正入力を行います。
　　　　入力内容を確認したら、「印刷」または「保存」を行った後、「送信」をクリックします。

STEP 1-21

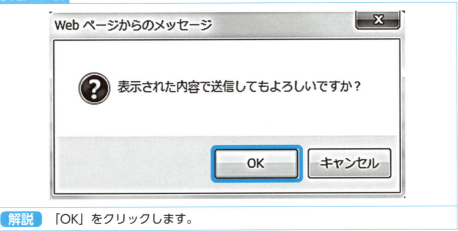

解説 「OK」をクリックします。

86　第4章　電子申告の事前準備マニュアル

STEP 1-22

開始届出（法人用）　新規

法人名称等の入力 ＞ 代表者情報の入力 ＞ 本店又は主たる事務所の入力 ＞ 暗証番号等の入力 ＞ 入力内容の確認 ＞ 利用者識別番号等の通知

利用者識別番号等の通知

送信された内容を受け付けました。
受付番号：20181113165453334942
提出年月日：平成30年11月13日
提出先：熱海税務署
有限会社早稲田　様

国税電子申告・納税システムへご登録いただき、ありがとうございました。

国税電子申告・納税システムをご利用いただくために必要な利用者識別番号と暗証番号は以下のとおりです。
利用者識別番号を忘れることがないよう、この画面を「保存」または「印刷」しておくことをお勧めします。

利用者識別番号 （半角数字・16けた）	2083	0408	0092	0031
暗証番号	etax1234			

❓利用者識別番号と暗証番号について
※e-Taxをご利用の際には、電子証明書の取得、ICカードリーダライタの購入などの事前準備が必要です。
※電子納税のみをご利用の場合には、電子証明書の取得は不要です。

　送信した内容について誤りがある場合は、提出先の税務署にお問い合わせください。
　（お問い合わせの際には、利用者識別番号をご用意ください。）

［保存］　［印刷］　［閉じる］

> **解説**　データ送信後、即時に利用者識別番号が発行されます。この画面は再度表示することはできませんので、必ず「印刷」または「保存」してください。
> 　「印刷」又は「保存」が終了したら「閉じる」をクリックします。
> 　以上で、e-Tax の開始届出書の提出は完了です。

(2) e-Tax ソフトのインストール

　法人税、消費税等の電子申告等を行うためには、専用ソフトを利用してe-Taxシステムで受付可能なデータ形式に変換し、電子署名を付与して送信する必要があります。以下では、国税庁が無償で提供している専用ソフト（e-Taxソフト）のインストール方法を解説します。

STEP 2-1

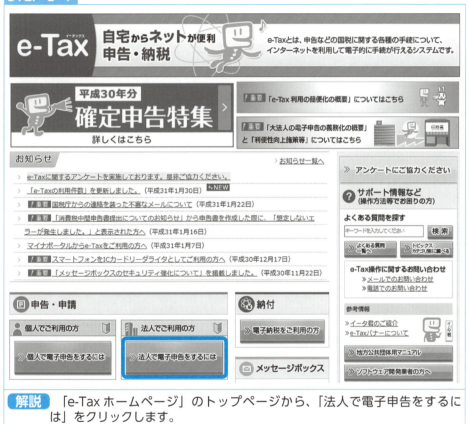

解説　「e-Tax ホームページ」のトップページから、「法人で電子申告をするには」をクリックします。

STEP 2-2

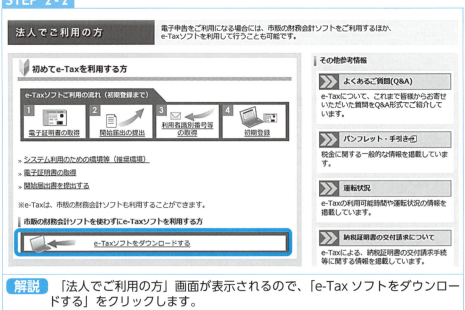

解説 「法人でご利用の方」画面が表示されるので、「e-Taxソフトをダウンロードする」をクリックします。

STEP 2-3

解説 手順④の「e-Taxソフトダウンロードコーナーへ」をクリックします。

STEP 2-4

解説 「e-Tax ソフト（共通プログラムインストーラ）」をクリックします。

STEP 2-5

解説 「実行」をクリックします。

STEP 2-6

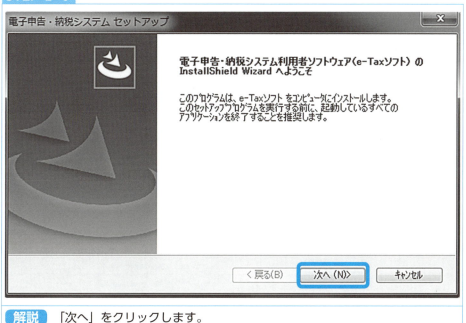

解説 「次へ」をクリックします。

STEP 2-7

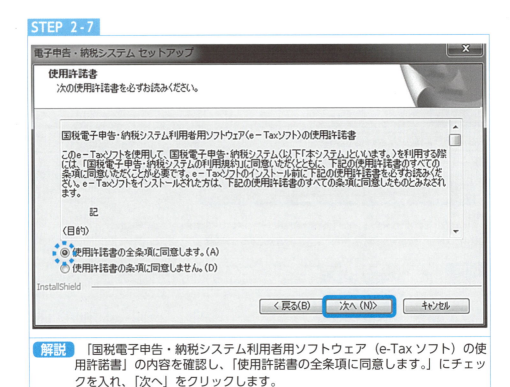

解説 「国税電子申告・納税システム利用者用ソフトウェア（e-Taxソフト）の使用許諾書」の内容を確認し、「使用許諾書の全条項に同意します。」にチェックを入れ、「次へ」をクリックします。

STEP 2-8

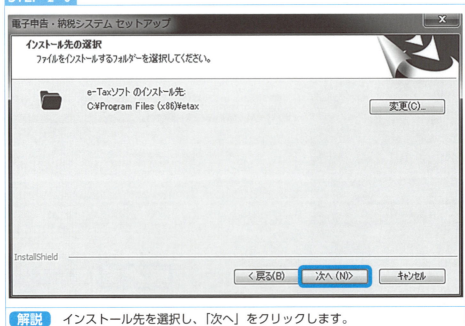

解説 インストール先を選択し、「次へ」をクリックします。

STEP 2-9

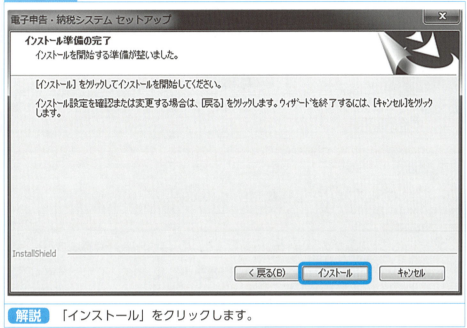

解説　「インストール」をクリックします。

STEP 2-10

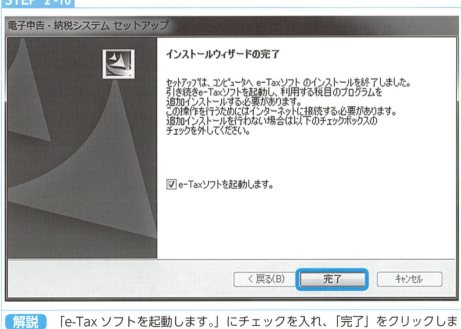

解説　「e-Tax ソフトを起動します。」にチェックを入れ、「完了」をクリックします。
　　　　（ステップ 2-12 へ）

STEP 2-11

解説 パソコンのデスクトップ上にe-Taxソフトのショートカットアイコンが表示されます。

STEP 2-12

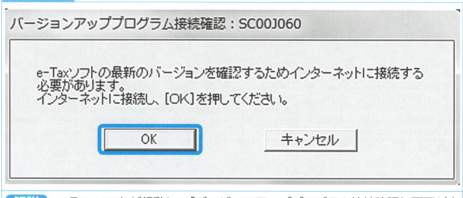

解説 e-Taxソフトが起動し、「バージョンアッププログラム接続確認」画面が表示されるので、「OK」をクリックします。

STEP 2-13

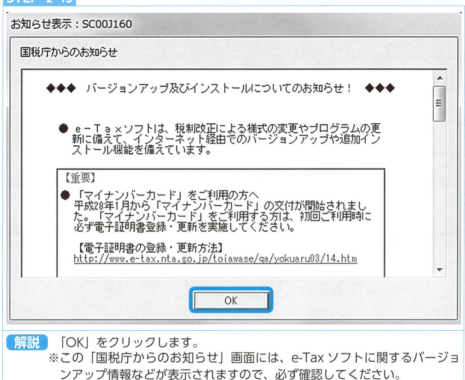

解説 「OK」をクリックします。
　　　　※この「国税庁からのお知らせ」画面には、e-Taxソフトに関するバージョンアップ情報などが表示されますので、必ず確認してください。

STEP 2-14

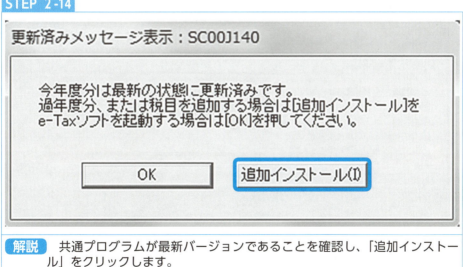

解説 共通プログラムが最新バージョンであることを確認し、「追加インストール」をクリックします。

STEP 2-15

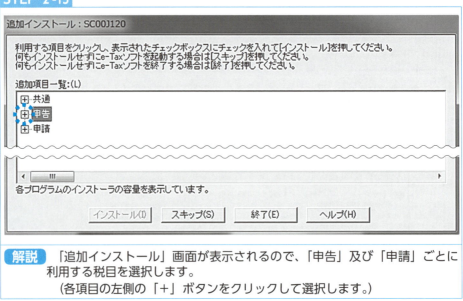

解説 「追加インストール」画面が表示されるので、「申告」及び「申請」ごとに利用する税目を選択します。
（各項目の左側の「＋」ボタンをクリックして選択します。）

STEP 2-16

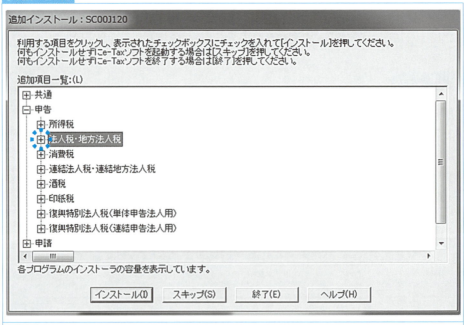

解説 「申告」を選択すると、各利用税目を選択することが出来ます。ここでは「法人税・地方法人税」を選択します。

2 e-Tax の事前準備 95

STEP 2-17

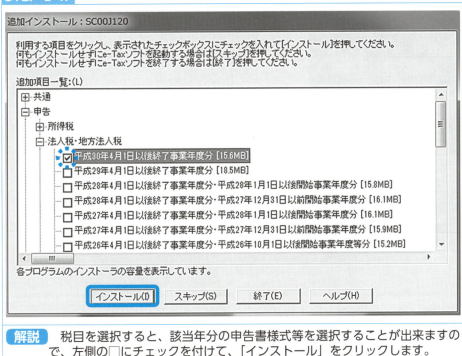

解説 税目を選択すると、該当年分の申告書様式等を選択することが出来ますので、左側の□にチェックを付けて、「インストール」をクリックします。

STEP 2-18

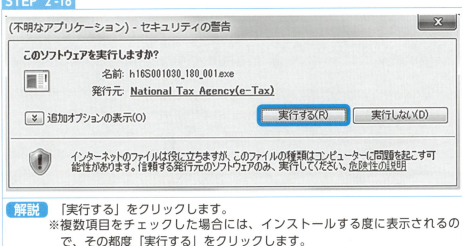

解説 「実行する」をクリックします。
※複数項目をチェックした場合には、インストールする度に表示されるので、その都度「実行する」をクリックします。

96　第4章　電子申告の事前準備マニュアル

STEP 2-19

解説　「追加インストール」が完了したら、「完了」をチェックします。
完了すると、e-Taxソフトが起動します。

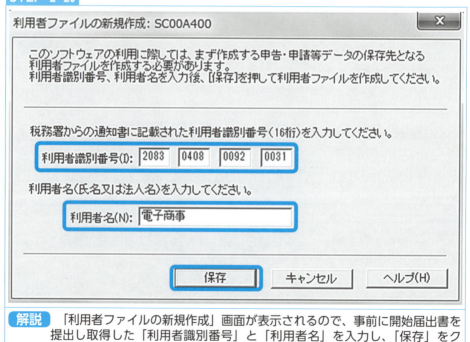

STEP 2-20

解説　「利用者ファイルの新規作成」画面が表示されるので、事前に開始届出書を提出し取得した「利用者識別番号」と「利用者名」を入力し、「保存」をクリックします。

STEP 2-21

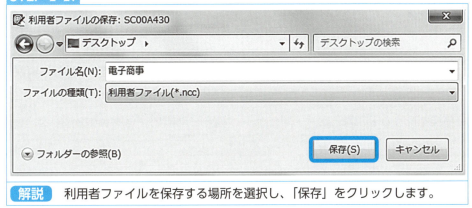

解説 利用者ファイルを保存する場所を選択し、「保存」をクリックします。

STEP 2-22

解説 指定した場所に利用者ファイルが作成されます。

(3) 電子証明書の登録

　電子証明書を新規に取得した場合には、実際に申告等データに電子署名を付与して送信する前に、e-Tax システム及び eLTAX システム上で電子証明書を登録しておく必要があります。eLTAX の場合には利用届出提出と同時に電子証明書の登録を行うことになりますが、e-Tax の場合には開始届出書の提出後、あらためて電子証明書の登録作業を行う必要があります。以下では、e-Tax ソフトを利用した電子証明書の登録方法を解説します。

STEP 3-1

解説　利用者ファイルをダブルクリックすると e-Tax ソフトが起動します。

STEP 3-2

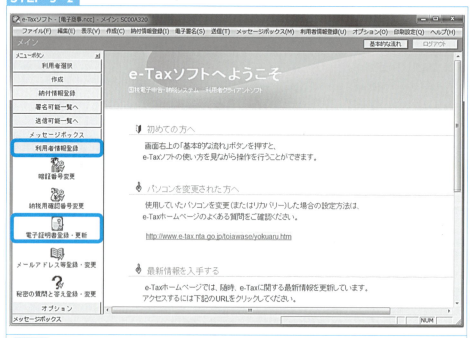

解説　メニューボタンの「利用者情報登録」から、「電子証明書登録・更新」をクリックします。

2　e-Tax の事前準備　　99

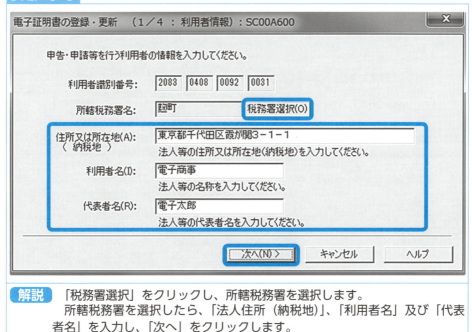

解説　「税務署選択」をクリックし、所轄税務署を選択します。
　　　所轄税務署を選択したら、「法人住所（納税地）」、「利用者名」及び「代表者名」を入力し、「次へ」をクリックします。

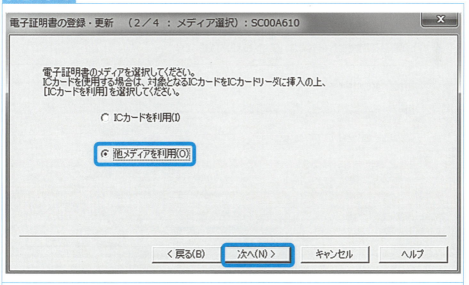

解説　電子証明書が格納されているメディアを選択します。
　　　ここでは商業登記に基づく電子証明書を登録するため、「他メディアを利用」を選択し、「次へ」をクリックします。
　　　※ IC カードタイプの電子証明書を登録する場合には、IC カードリーダに挿入の上、「IC カードを利用」を選択します。

100　第4章　電子申告の事前準備マニュアル

STEP 3-5

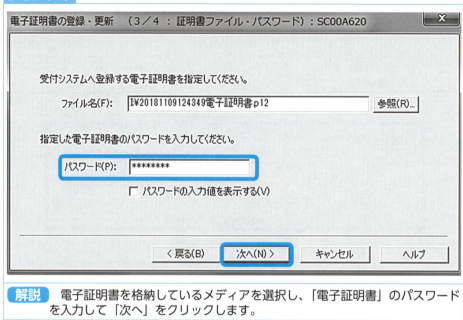

解説　電子証明書を格納しているメディアを選択し、「電子証明書」のパスワードを入力して「次へ」をクリックします。

STEP 3-6

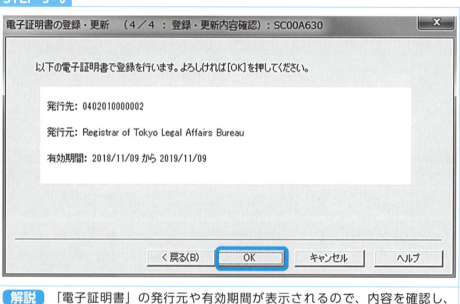

解説　「電子証明書」の発行元や有効期間が表示されるので、内容を確認し、「OK」をクリックします。

STEP 3-7

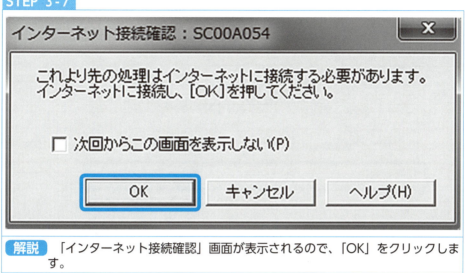

解説 「インターネット接続確認」画面が表示されるので、「OK」をクリックします。

102　第4章　電子申告の事前準備マニュアル

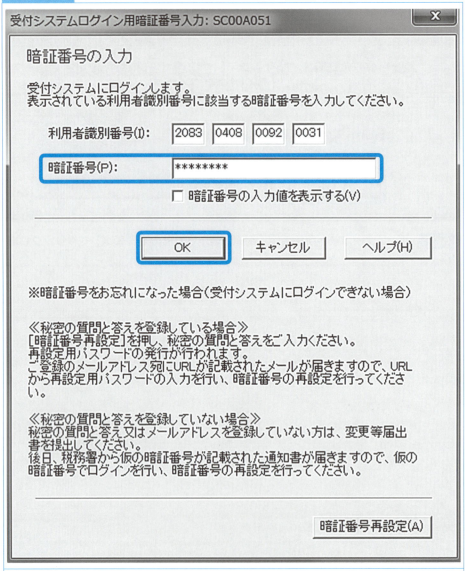

STEP 3-9

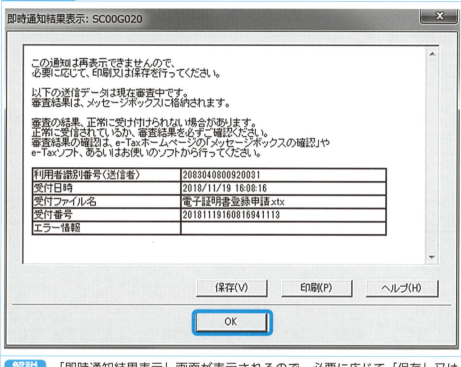

解説 「即時通知結果表示」画面が表示されるので、必要に応じて「保存」又は「印刷」を行った後に、「OK」をクリックします。

STEP 3-10

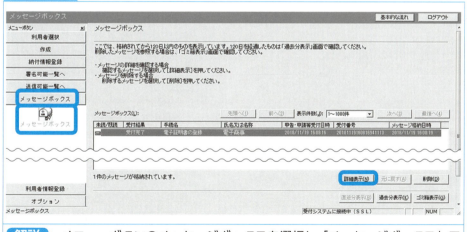

解説 メニューボタンのメッセージボックスを選択し「メッセージボックス」アイコンをクリックします。
　　　メッセージボックスが表示されるので、送信した電子証明書の登録データを選択し、「詳細表示」をクリックします。

104　第4章　電子申告の事前準備マニュアル

STEP 3-11

解説　「メール詳細」が表示されるので、エラー情報が無く、電子証明書の登録が正常に完了したことを確認します。
　　　以上でe-Taxシステムへの電子証明書の登録作業は完了です。

(4) e-Tax による申告の特例に係る届出書

　義務化対象法人は、2020年4月1日以後に納税地の所轄税務署長に対して、「e-Tax による申告の特例に係る届出書」を提出する必要があります。新設法人等以外の一般の法人については、2020年4月1日以後最初に開始する事業年度開始の日から1か月以内が提出期限となっています。

> この届出書が使用可能となるのは2020年4月1日以後となりますのでご注意ください。

e-Taxによる申告の特例に係る届出書
（法人税・地方法人税・消費税及び地方消費税用）

※整理番号
※連結グループ整理番号

平成32年4月30日

麹町 税務署長殿

納税地	〒100-8978 東京都千代田区霞が関3-1-1　電話（03）1111-1111
（フリガナ）	カブシキガイシャ デンシショウジ
名称	株式会社　電子商事
法人番号	7 0 0 0 1 2 3 4 5 6 7 8 9
（フリガナ）	デンシ タロウ
代表者氏名	代表取締役　電子　太郎　㊞
代表者住所	〒104-8449 東京都中央区築地5-3-1　電話（03）2222-2222

☑ 法人税法第75条の3第1項
☐ 法人税法第81条の24の2第1項
☑ 地方法人税法第19条の2第1項
☑ 消費税法第46条の2第1項

に規定する特定法人に該当し、納税申告書についてe-Taxによる申告を行う必要があるので届け出ます。

適用開始事業年度等	自　平成32年4月1日　　至　平成33年3月31日
該当条項	☑ 法人税法第75条の3第2項第 1 号 ☐ 法人税法第81条の24の2第2項第　 号 ☑ 地方法人税法第19条の2第2項第 1 号 ☑ 消費税法第46条の2第2項第 1 号	資本金又は出資金の額 1,000,000,000 円 設立年月日等 平成 元年 4月 1日
参考事項	

〔記載ポイント〕

○提出期限

　この届出書は、義務化適用開始事業年度（課税期間）開始の日から1月以内に納税地の所轄税務署長へ提出する必要があります。記載例の場合には、事業年度等開始の日が2020年4月1日ですから、その日から1月以内である2020年4月30日が提出期限となります。また、この届出書は、2020年4月1日以後に使用可能となります。

○根拠条文

　各税法において電子申告の義務化を規定している該当条項にチェックを付します。記載例でチェックが付されていない箇所は連結申告法人に係る該当条項ですので、一般の法人は記載例のように3ヶ所にチェックを付して提出します。

○該当条項

　電子申告の義務化の対象となる「特定法人」を規定している該当条項にチェックを付けて、該当法人が規定されている号数を記載します。記載する号数は、1号が普通法人、2号が相互会社、3号が投資法人、4号が特定目的会社、そして5号が国又は地方公共団体（消費税のみ）となります。記載例でチェックが付されていない箇所は、連結申告法人に係る該当条項ですので、一般の法人は記載例のように3か所にチェックを付して号数を記載して提出します。

3 eLTAXの事前準備

(1) eLTAX利用届出の提出

　eLTAXを利用するためには、事前に利用届出を主たる提出先（本店所在地のある都道府県等）1か所に提出し、利用者IDを取得する必要があります。一つの利用者IDで複数の地方公共団体へ申告等の手続を行うことができます。e-Taxのように書面により提出する方法はありませんので、以下では、オンラインによる利用届出の提出方法を解説します。

STEP 1-1

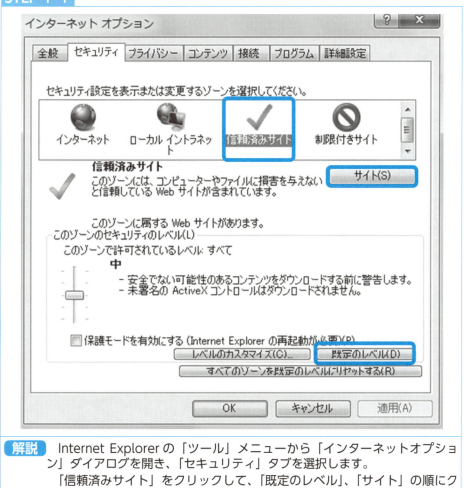

解説　Internet Explorerの「ツール」メニューから「インターネットオプション」ダイアログを開き、「セキュリティ」タブを選択します。
　「信頼済みサイト」をクリックして、「既定のレベル」、「サイト」の順にクリックします。

STEP 1-2

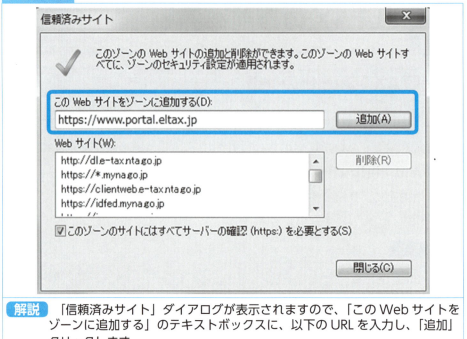

解説 「信頼済みサイト」ダイアログが表示されますので、「この Web サイトを ゾーンに追加する」のテキストボックスに、以下の URL を入力し、「追加」 クリックします。
　　https://www.portal.eltax.jp

STEP 1-3

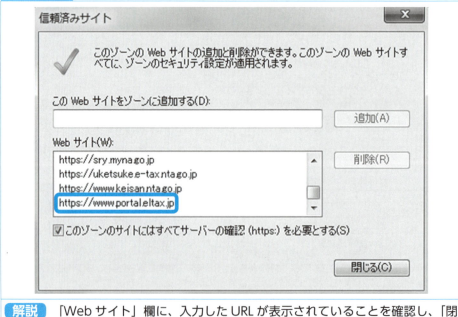

解説 「Web サイト」欄に、入力した URL が表示されていることを確認し、「閉 じる」をクリックします。
　　以上により、eLTAX のサイトが信頼済みサイトへ登録されます。

STEP 1-4

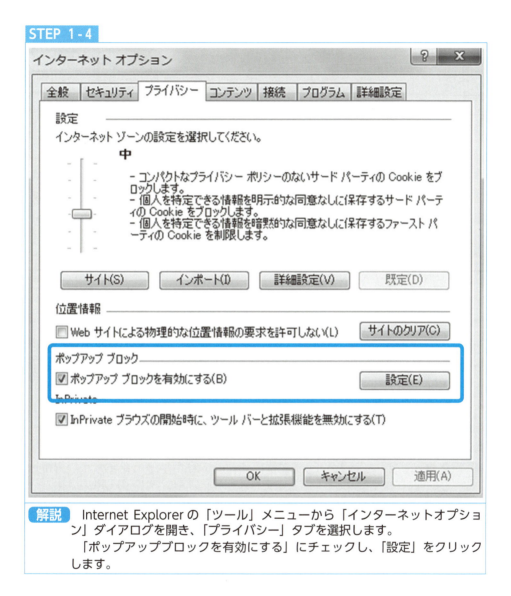

解説 Internet Explorer の「ツール」メニューから「インターネットオプション」ダイアログを開き、「プライバシー」タブを選択します。
「ポップアップブロックを有効にする」にチェックし、「設定」をクリックします。

STEP 1-5

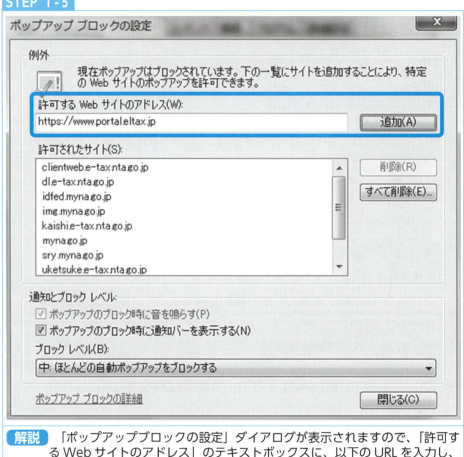

解説 「ポップアップブロックの設定」ダイアログが表示されますので、「許可するWebサイトのアドレス」のテキストボックスに、以下のURLを入力し、「追加」をクリックします。
　　　https://www.portal.eltax.jp

STEP 1-6

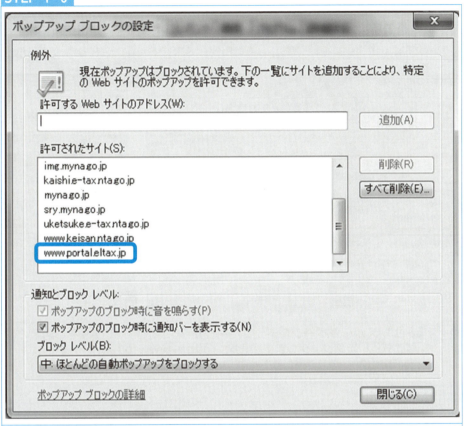

解説　「許可されたサイト」欄に、入力したURLが表示されていることを確認し、「閉じる」をクリックします。
　　　以上により、eLTAXのサイトがポップアップ許可サイトへ登録されます。

STEP 1-7

解説 eLTAX ホームページのトップページから、「初めて eLTAX をご利用の方はこちら」をクリックします。（URL　http://www.eltax.jp/）

STEP 1-8

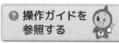

【手続き開始前に必ずご確認ください】
◆『利用届出（新規）』の提出（データ送信）後に画面表示される「送信結果」で、利用者IDと仮暗証番号をお知らせしています。
「送信結果」以外ではお知らせしていませんので、メモを取るか印刷する等して、必ず保存いただくようお願い致します。
◆『利用届出（新規）』の手続きを実施するにはInternet Explorerの設定が必要となります。
以下ページ記載の案内に従って設定を済ませた上で手続きを開始してください。
・Internet Explorerの設定は**こちら**
・ActiveXコントロールのインストールは**こちら**
（『電子申請・届出』画面での案内となっていますが、インストール方法は同じになります）
※Windows10の標準ブラウザ「Microsoft Edge」には対応しておりません。

解説 「利用届出（新規）の手続きを開始する」をクリックします。

STEP 1-9

解説 「利用種別選択」画面が表示されるので、「法人」をクリックします。

STEP 1-10

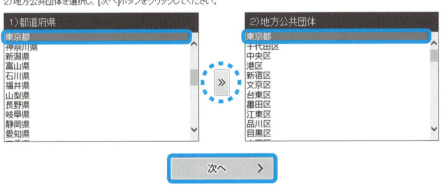

解説 「提出先選択」画面が表示されるので、主たる提出先となる都道府県、地方公共団体を1つだけ選択します。
　　　（一般的には、本店所在地のある都道府県を選択します。）
　　　選択後、「次へ」をクリックします。

STEP 1-11

利用者情報入力（法人）

必要項目を入力し「次へ」ボタンをクリックしてください。（ 必須 のついた項目は入力必須です。）

提出先選択 > 利用者情報入力 > 提出先・手続情報入力 > 入力情報の確認 > 電子署名 > 完了

■【利用種別】利用種別選択画面で入力した内容となります。

利用種別	法人

■【利用者情報】利用者の基本となる情報を入力してください。

法人番号	7000123456789	
法人格前後区分	必須 ●法人格(前) ○法人格(後)	
法人格名称	必須 株式会社 ▼	法人格名称が「その他」の場合に入力してください。
法人格を除く名称	必須 電子商事	法人格は除く
法人名称（フリガナ）	必須 デンシショウジ	法人格は除く
法人名称（確認）	株式会社 電子商事	
本店・支店の別	必須 ●本店 ○支店	
郵便番号	必須 1008978　住所検索	「住所検索」ボタンをクリックして住所を入力してください。
所在地	必須 東京都千代田区霞が関三丁目1番1号	
ビル・マンション名など		
電話番号(1)	必須 0311111111	電話番号(2)
FAX番号		電話番号・FAX番号はハイフンを除いて入力してください。

3 eLTAXの事前準備　115

■【連絡先】手続き完了のお知らせなど、eLTAXからのお知らせが送信されます。		
連絡先のe-Mailアドレスを入力してください。（なお、携帯電話のe-Mailは、利用できません。）		
e-Mail	必須	denshi@tax-wave.com
e-Mail(確認用)	必須	denshi@tax-wave.com

■【代表者情報】法人の代表者の情報を入力してください。

代表者資格	必須	代表者 ▼		代表者資格が「その他」の場合に入力してください。
氏名	必須	電子太郎		
氏名（フリガナ）	必須	デンシタロウ		
郵便番号	必須	1048449	住所検索	「住所検索」ボタンをクリックして住所を入力してください。
住所	必須	東京都中央区築地五丁目3番1号		
ビル・マンション名など				
電話番号		0322222222		電話番号・FAX番号はハイフンを除いて入力してください。
FAX番号				

■【関与税理士情報】関与している税理士の情報を入力してください。

関与税理士の有無	必須	○関与税理士有り　●関与税理士無し

■【届出理由】新規利用届出の届出理由を選択してください。

届出理由	必須	●eLTAXの利用を開始する。　○利用者IDを再取得する。

　　　　　　　　　　　　　　　　次へ　＞

解説　「利用者情報入力」画面が表示されるので、法人番号、法人名称、所在地、連絡先、代表者情報等を入力し、「次へ」をクリックします。

116　第4章　電子申告の事前準備マニュアル

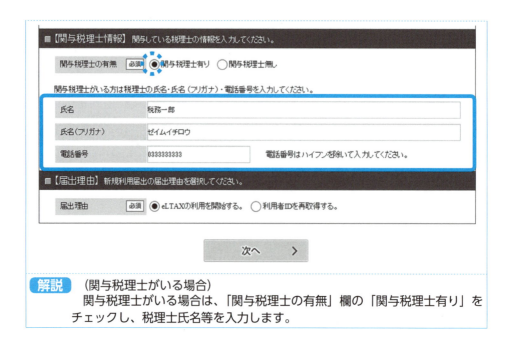

解説　（関与税理士がいる場合）
　　関与税理士がいる場合は、「関与税理士の有無」欄の「関与税理士有り」をチェックし、税理士氏名等を入力します。

3 eLTAXの事前準備 117

解説　「提出先・手続情報入力」画面が表示されるので、「利用税目」及び「区・事務所等（提出先）」をリストから選び、「事業所又は給与支払者の所在地若しくは課税地」を選択して、「追加」をクリックします。

118　第4章　電子申告の事前準備マニュアル

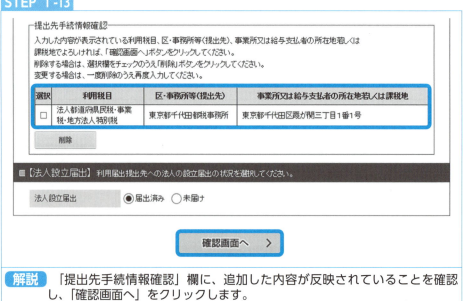

解説　「提出先手続情報確認」欄に、追加した内容が反映されていることを確認し、「確認画面へ」をクリックします。

3 eLTAXの事前準備 119

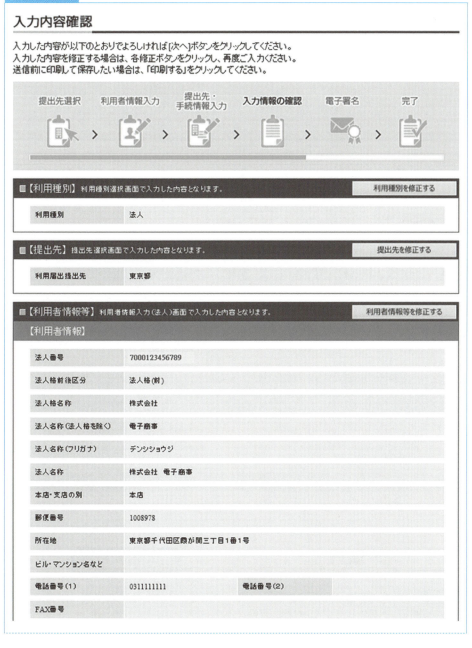

120　第4章　電子申告の事前準備マニュアル

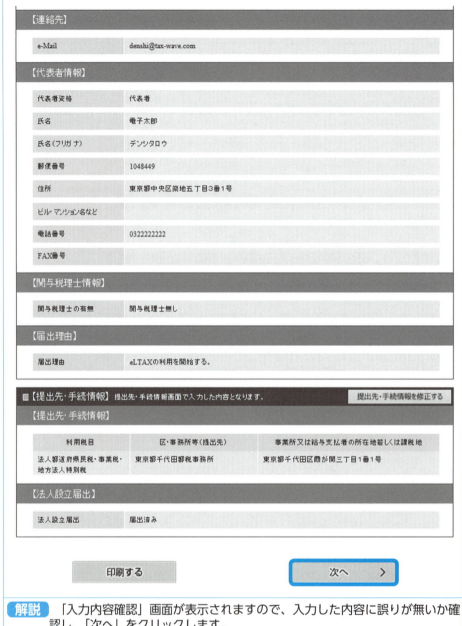

解説　「入力内容確認」画面が表示されますので、入力した内容に誤りが無いか確認し、「次へ」をクリックします。
　　入力内容を修正する場合には、修正対象を含む枠内の右上にある「…を修正する」ボタンをクリックします。

STEP 1-15

電子証明書メディア選択

電子証明書の格納されているメディアを選択してください。

※ICカードを使用する場合は、対象となるICカードをICカードリーダに挿入の上、「ICカードを利用」を選択してください。

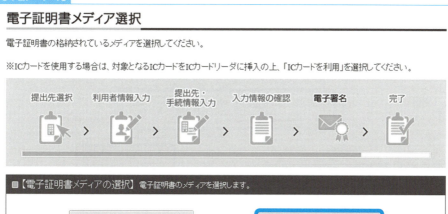

解説 電子証明書が格納されているメディアを選択します。ここでは商業登記に基づく電子証明書を登録するため、「他メディアを利用」を選択し、「次へ」をクリックします。

※ICカードタイプの電子証明書を登録する場合には、ICカードリーダに挿入の上、「ICカードを利用」を選択します。

電子署名付与の選択

電子署名付与に関して、「電子署名を付与する」又は「電子署名を省略して送信する」を選択し、クリックしてください。

電子署名を付与する場合は、利用者情報として入力した利用者の電子署名を付与してください。

解説 （関与税理士がいる場合）
ステップ1-11で関与税理士情報を入力している場合は、「電子証明書を省略して送信する」ことができます。
（⇒ステップ1-19へ）

122　第4章　電子申告の事前準備マニュアル

STEP 1-16

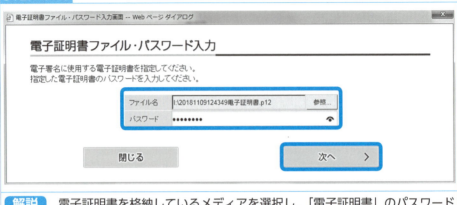

解説　電子証明書を格納しているメディアを選択し、「電子証明書」のパスワードを入力して「次へ」をクリックします。

STEP 1-17

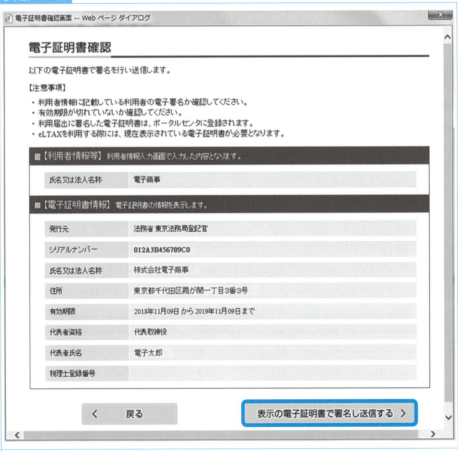

解説　「電子証明書確認」画面が表示されるので、表示内容を確認し、「表示の電子証明書で送信する」をクリックします。

STEP 1-18

送信結果一覧

利用届出を受け付けました。
下記の「利用者ID」及び「仮暗証番号」にてeLTAXの利用が可能です。
仮暗証番号につきましては、有効期限内に本暗証番号に変更していただく必要があります。
仮暗証番号の有効期限を過ぎた場合は利用者IDが失効となり、
改めて利用届出を提出していただくこととなりますのでご注意ください。

■【利用者ID・仮暗証番号】

利用者ID	ujp42035438
仮暗証番号	ab1cDe2f
仮暗証番号有効期限	2019/11/19
届出受付番号	T1-2018-01234567

■【利用種別】

利用種別	法人

■【提出先】

利用届出提出先	東京都
	東京都千代田都税事務所長
	法人都道府県民税・事業税・地方法人特別税
	東京都千代田都税事務所

【利用者情報等】

【利用者情報】

法人番号	7000123456789
法人名称	株式会社 電子商事
法人名称(フリガナ)	デンシショウジ
本店・支店の別	本店
郵便番号	1008978
住所	東京都千代田区霞が関三丁目1番1号
ビル・マンション名など	
電話番号(1)	0311111111
電話番号(2)	
FAX番号	

【連絡先】

e-Mail	denshi@tax-wave.com

【代表者情報】

代表者資格	代表者
氏名	電子太郎
氏名(フリガナ)	デンシタロウ
郵便番号	1048449
住所	東京都中央区築地五丁目3番1号
ビル・マンション名など	
自宅電話番号	0322222222
FAX番号	

> **解説** 送信が完了すると、「送信結果一覧」画面が表示されるので、必要に応じて印刷し「終了する」をクリックします。
> 　　以上で、eLTAX の利用届出の提出は完了です。
> ※利用者 ID とともに仮暗証番号が発行されるので、仮暗証番号は有効期限までに（1年以内に）本暗証番号に変更する必要があります。
> 　　次回ログイン時に暗証番号の変更画面が表示されますので、8～16桁で指定して変更してください。
> 　　使用できる文字は「大文字及び小文字の半角英字」、「半角数字」及び「半角記号（!/=+:#,@$-%_.）」です。

(2) PCdesk のインストール

　法人住民税、法人事業税等の電子申告等を行うためには、専用ソフトを利用してeLTAXシステムで受付可能なデータ形式に変換し、電子署名を付与して送信する必要があります。以下では、一般社団法人地方税電子化協議会が無償で提供している専用ソフト（PCdesk）のインストール方法を解説します。

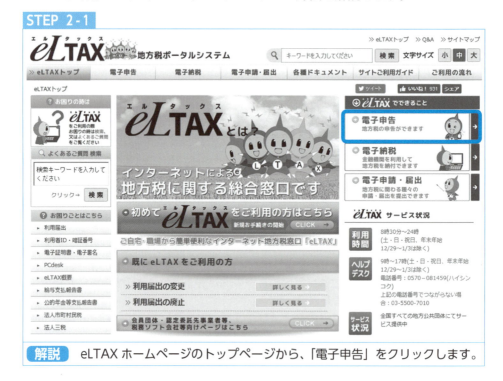

解説　eLTAXホームページのトップページから、「電子申告」をクリックします。

解説　「PCdeskを取得する」をクリックします。

3 eLTAXの事前準備　127

STEP 2-3

PCdeskを取得する

利用者用ソフトウェア（PCdesk）を取得するためには、PCdeskを当ホームページからダウンロードしてください。
全体のダウンロードサイズは約161MBです。ADSL等のブロードバンド環境を推奨しています。
なお、PCdeskの詳細については「PCdeskの概要とインストール方法」をご確認ください。

ご利用方法

1. ページ下部の「PCdeskをダウンロードする」をクリックしてください。
   ログイン画面が表示されますので、利用者IDと暗証番号を入力してeLTAXにログインしてください。
   表示されたパスワードを控えた後、「PCdeskダウンロード」をクリックすると、都道府県名のリンク画面が表示されます。
   お住まい（又は勤務地）の都道府県を選択し、控えたパスワードを入力してダウンロードを行ってください。

2. PCdeskをご利用いただくには、1でダウンロードしたファイルの「setup.exe」を実行し、インストールを行う必要があります。
   インストールの概要については、「PCdeskをインストールする」をご確認ください。

　（参考）上記1，2の詳細については、各種ドキュメントの「利用届出（新規）の手続き・PCdeskインストールガイドブック」を御確認ください。

ご注意いただきたいこと

eLTAXの利用可能時間は次のとおりです。ご注意ください。
月～金（祝日、年末年始12/29～1/3を除く。）8時30分～24時

▶ **PCdeskをダウンロードする**

解説　「PCdesk をダウンロードする」をクリックします。

128 第4章 電子申告の事前準備マニュアル

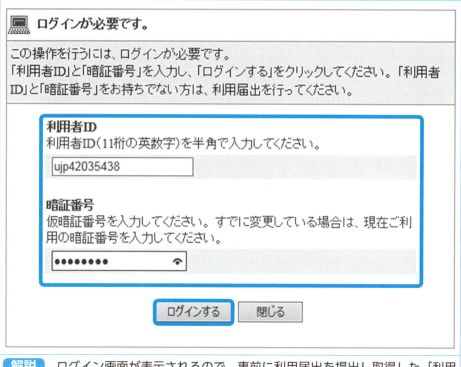

STEP 2-6

PCdeskダウンロードサイトリンク画面

所在している都道府県名のリンクをクリックしてください。

都道府県名をクリック後にパスワードを入力する画面が表示されない場合には「F5」キーを押して画面を更新してください。

北海道　青森　秋田　岩手　山形　宮城

新潟　福島　茨城　栃木　群馬　埼玉

千葉　東京（23区）　東京（23区以外）　神奈川

山梨　静岡　長野　富山　石川　岐阜

愛知　三重　福井　滋賀　奈良　京都

大阪　和歌山　兵庫　鳥取　島根　岡山

広島　山口　香川　徳島　愛媛　高知

福岡　佐賀　長崎　大分　熊本　宮崎

鹿児島　沖縄

解説　PCdeskのダウンロードサイトへのリンク画面が表示されるので、本店所在地の都道府県を選択します。

STEP 2-7

PCdeskのダウンロードを行うには、パスワードの入力が必要です。

前の画面「PCdeskインストール用パスワード」に表示されていたパスワードを入力してください。

パスワード：1A2BC-De3fg

ダウンロード

解説　パスワードの入力画面が表示されるので、ステップ2-5で手控えたパスワードを入力し、「ダウンロード」をクリックします。

STEP 2-8

eltax.jp から setup.zip を開くか、または保存しますか？　　ファイルを開く(O)　保存(S)　キャンセル(C)　×

解説　「ファイルを開く」をクリックします。

STEP 2-9

解説　「setup」⇒「PCdesk」⇒「setup」の順にフォルダを開き、「LTNSetup.exe」をダブルクリックします。

STEP 2-10

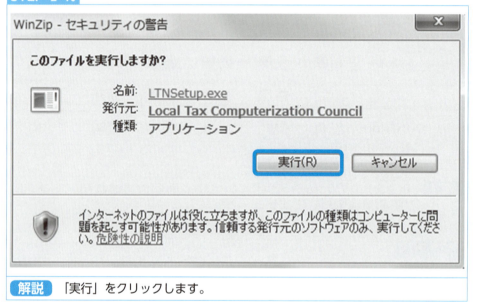

解説　「実行」をクリックします。

3 eLTAXの事前準備 131

STEP 2-11

解説 「次へ」をクリックします。

STEP 2-12

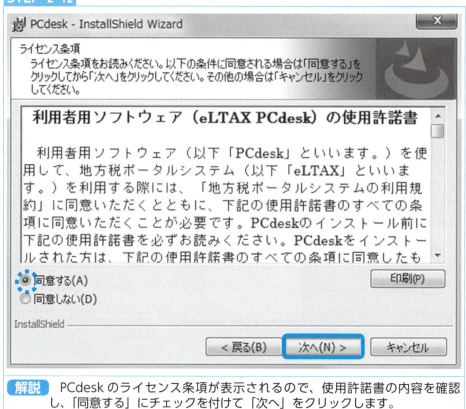

解説 PCdesk のライセンス条項が表示されるので、使用許諾書の内容を確認し、「同意する」にチェックを付けて「次へ」をクリックします。

3　eLTAXの事前準備　　133

STEP 2-13

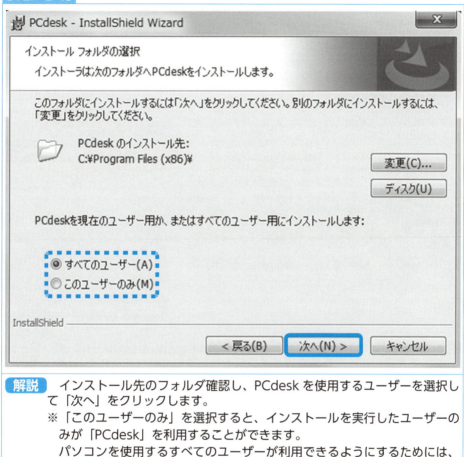

解説　インストール先のフォルダ確認し、PCdeskを使用するユーザーを選択して「次へ」をクリックします。
※「このユーザーのみ」を選択すると、インストールを実行したユーザーのみが「PCdesk」を利用することができます。
パソコンを使用するすべてのユーザーが利用できるようにするためには、Administrator権限により「すべてのユーザー」を選択する必要があります。

STEP 2-14

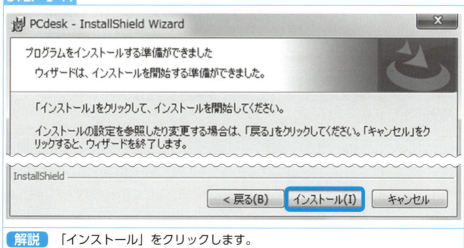

解説　「インストール」をクリックします。

STEP 2-15

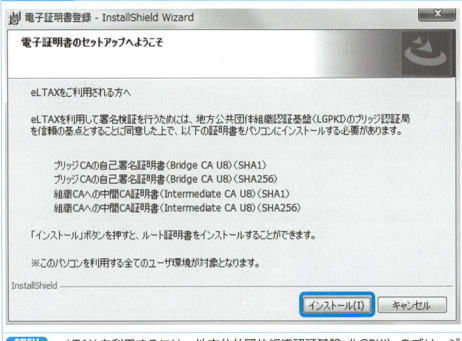

解説 eLTAX を利用するには、地方公共団体組織認証基盤（LGPKI）のブリッジ認証局のルート証明書等をインストールする必要があるため、「インストール」をクリックします。

STEP 2-16

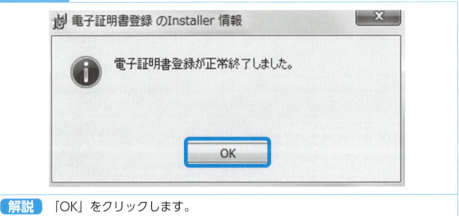

解説 「OK」をクリックします。

STEP 2-17

解説 インストールが正しく完了したことを確認し、「完了」をクリックします。

STEP 2-18

解説 パソコンのデスクトップ上にPCdeskのショートカットアイコンが表示されます。

(3) 提出先の追加

　利用届出の提出先とした地方公共団体（本店所在地のある都道府県等）に加えて、他の地方公共団体に対しても申告データ等を送信する場合には、「利用届出（変更）」メニューから、その他のすべての提出先を追加する必要があります。以下では、PCdesk を利用して提出先を追加する方法を解説します。

　（NTT データの「電子申告の達人」等のように、電子申告直前に一括して提出先追加を行うことができる便利な機能を持つ市販ソフトもあります。）

STEP 3-1

解説　ショートカットアイコンをダブルクリックして PCdek を起動します。

STEP 3-2

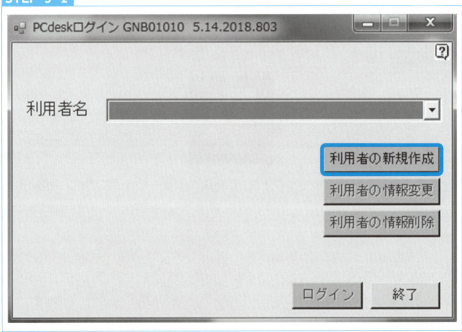

解説　「PCdesk ログイン」画面が表示されるので、「利用者の新規作成」をクリックします。

3　eLTAXの事前準備　　137

STEP 3-3

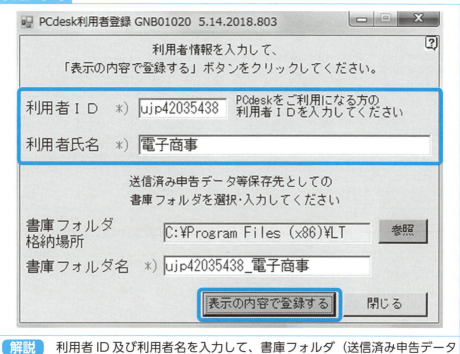

解説　利用者ID及び利用者名を入力して、書庫フォルダ（送信済み申告データ等の保存先）の格納場所等を確認し、「表示の内容で登録する」をクリックします。

STEP 3-4

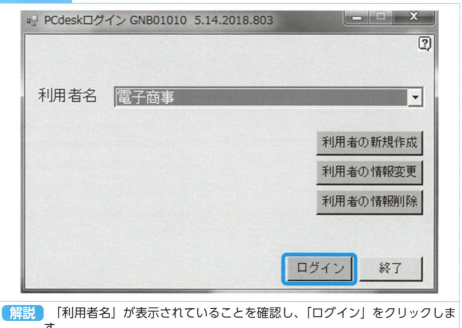

解説　「利用者名」が表示されていることを確認し、「ログイン」をクリックします。

138　第4章　電子申告の事前準備マニュアル

STEP 3-5

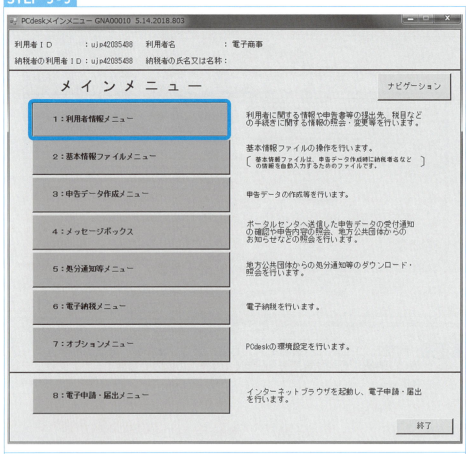

解説　「PCdesk メインメニュー」が表示されるので、「1：利用者情報メニュー」をクリックします。

3　eLTAXの事前準備　139

STEP 3-6

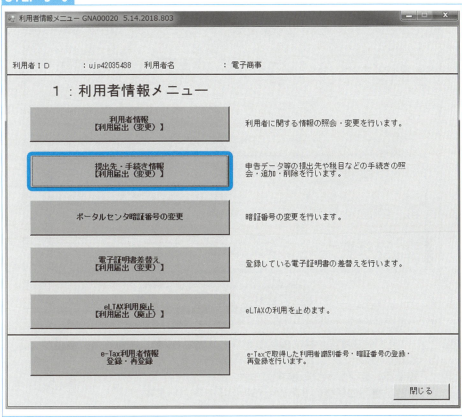

解説　「提出先・手続き情報【利用届出（変更）】」をクリックします。

STEP 3-7

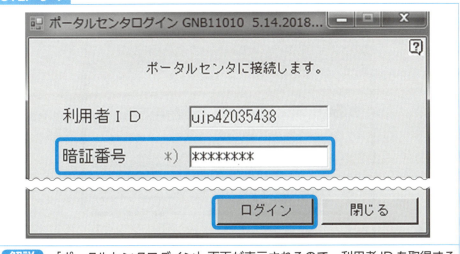

解説　「ポータルセンタログイン」画面が表示されるので、利用者IDを取得する際に発行された「仮暗証番号」を入力して「ログイン」をクリックします。

STEP 3-8

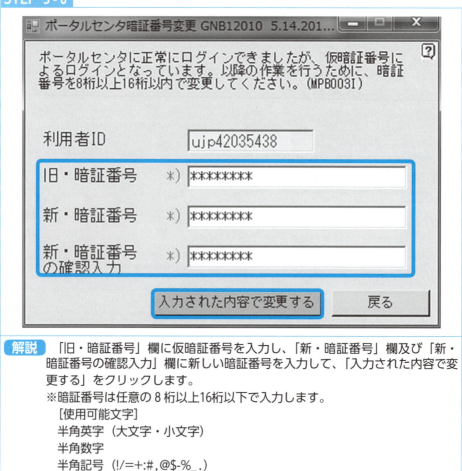

解説 「旧・暗証番号」欄に仮暗証番号を入力し、「新・暗証番号」欄及び「新・暗証番号の確認入力」欄に新しい暗証番号を入力して、「入力された内容で変更する」をクリックします。
※暗証番号は任意の8桁以上16桁以下で入力します。
　［使用可能文字］
　半角英字（大文字・小文字）
　半角数字
　半角記号（!/=+:#,@$-%_.）

STEP 3-9

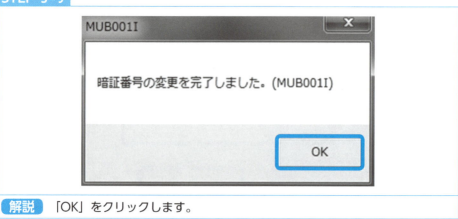

解説 「OK」をクリックします。

3 eLTAXの事前準備　141

STEP 3-10

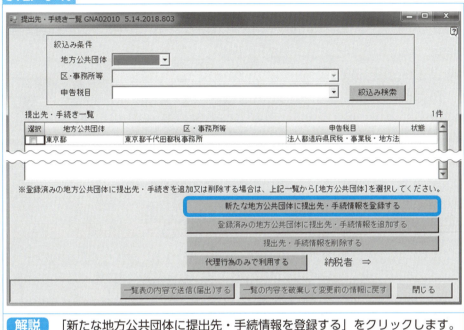

解説　「新たな地方公共団体に提出先・手続情報を登録する」をクリックします。

STEP 3-11

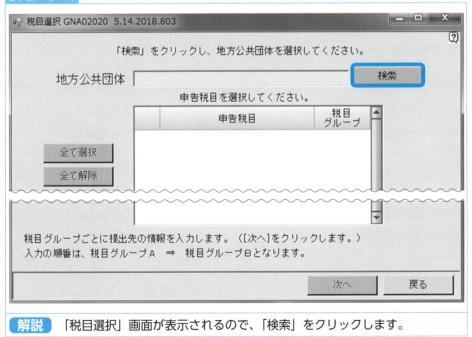

解説　「税目選択」画面が表示されるので、「検索」をクリックします。

STEP 3-12

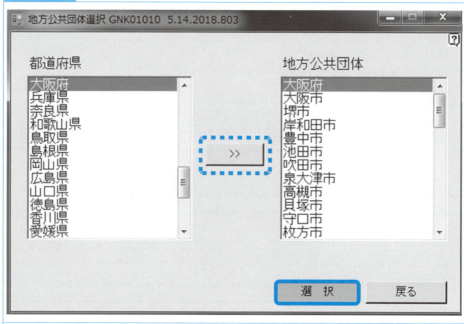

解説 「地方公共団体選択」画面が表示されるので、左側の「都道府県」リストから都道府県を選択し「≫」をクリックします。
　右側の「地方公共団体」リストから申告書提出先として追加する地方公共団体を選択し、「選択」をクリックします。

STEP 3-13

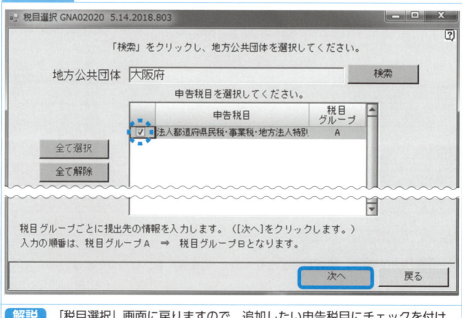

解説 「税目選択」画面に戻りますので、追加したい申告税目にチェックを付け、「次へ」をクリックします。

STEP 3-14

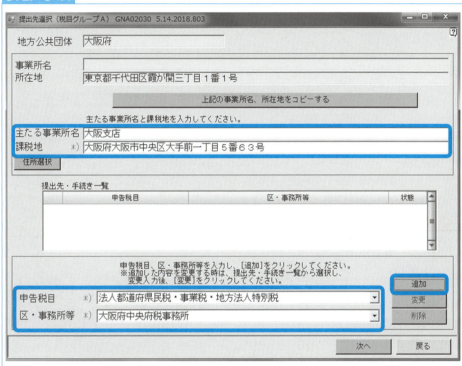

解説 提出先として追加する「地方公共団体」に所在する「主たる事業所名」及び「課税地」を入力します。
「申告税目」及び「区・事業所等」をリストから選択し、「追加」をクリックします。

STEP 3-15

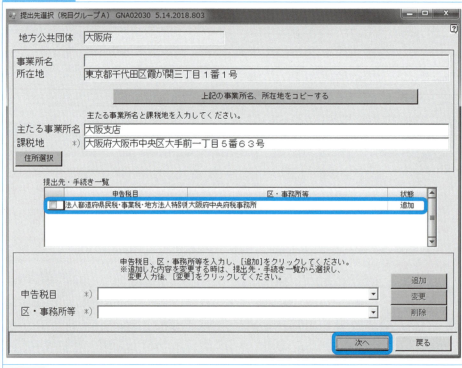

解説 「提出先・手続き一覧」に表示された内容が正しいことを確認し、「次へ」をクリックします。
　他にも提出先を追加する場合には、ステップ3-10〜3-15の手順を繰り返し行います。

STEP 3-16

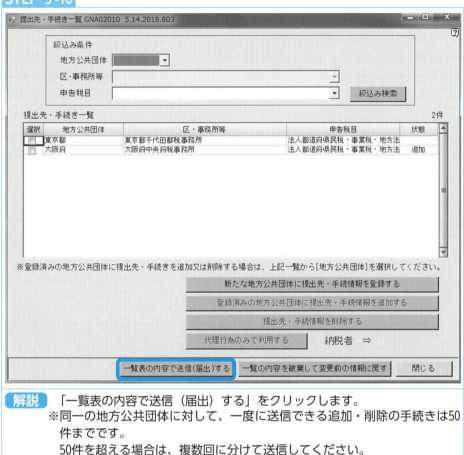

解説 「一覧表の内容で送信（届出）する」をクリックします。
※同一の地方公共団体に対して、一度に送信できる追加・削除の手続きは50件までです。
50件を超える場合は、複数回に分けて送信してください。

STEP 3-17

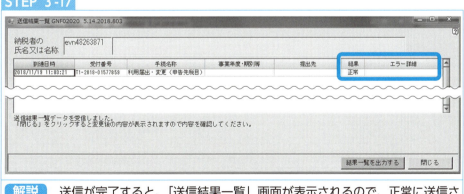

解説 送信が完了すると、「送信結果一覧」画面が表示されるので、正常に送信され、エラー情報が無いことを確認してください。

第5章

電子申告のデータ送信マニュアル

1 e-Tax の流れ

(1) 申告データ取込

　一般的に、企業が法人税の電子申告を行う場合、国税庁が提供する e-Tax ソフトを利用するよりも操作性・機能性に優れている電子申告対応の市販ソフトを利用した方が、作業効率が高いため、実際に市販ソフトを導入している企業が多いことから、本書においても、株式会社 NTT データの製品である「電子申告の達人[1]」を使用して解説しています。

　「電子申告の達人」を利用した法人税申告データの送信までの流れは次のとおりです。

【STEP 1】申告データ取込（149ページ）

　「法人税の達人」及び「内訳概況書の達人」で作成した法人税申告書を「電子申告の達人」に取り込みます。

【STEP 2】電子署名（160ページ）

　取り込んだ申告データに法人代表者等の電子証明書で電子署名を付与します。

【STEP 3】申告データ送信（168ページ）

　e-Tax にログインして署名済みの申告データを送信し、送信後に受信する審査結果の確認を行います。

　まず、STEP 1 の申告データの取込から解説します。

---

[1] 「達人®」、「達人 Cube ®」、「法人税の達人®」、「内訳概況書の達人®」、「電子申告の達人®」は、株式会社 NTT データの日本における登録商標です。これらの登録商標は、日本国内において販売される株式会社 NTT データの商品に使用するものです。

STEP 1-1

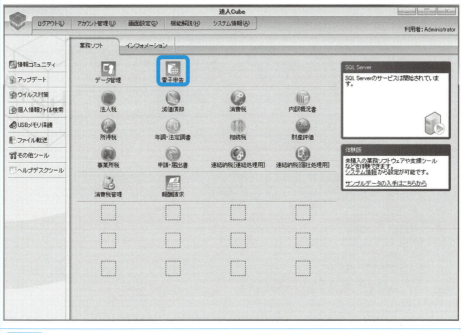

解説 達人Cubeにログインして、「電子申告の達人」を起動します。

STEP 1-2

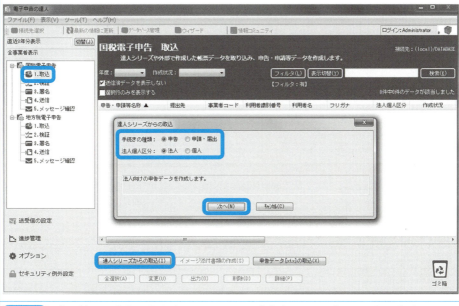

解説 「国税電子申告／取込」メニューで、「達人シリーズからの取込」をクリックし、手続きの種類で「申告」を、法人個人区分で「法人」を選択し、「次へ」をクリックします。

STEP 1-3

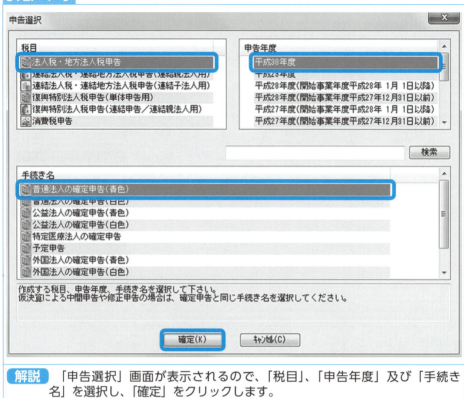

解説 「申告選択」画面が表示されるので、「税目」、「申告年度」及び「手続き名」を選択し、「確定」をクリックします。

STEP 1-4

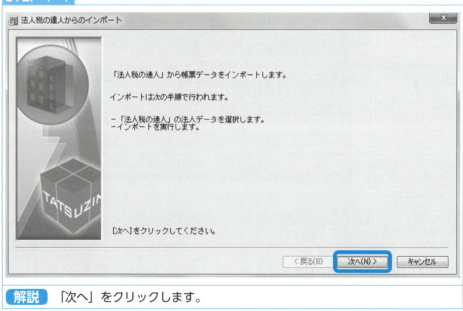

解説 「次へ」をクリックします。

1 e-Tax の流れ　　151

STEP 1-5

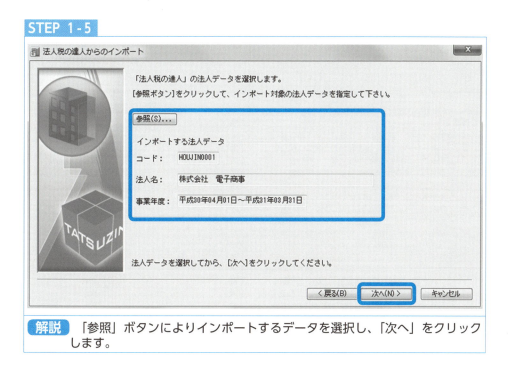

解説　「参照」ボタンによりインポートするデータを選択し、「次へ」をクリックします。

STEP 1-6

解説　「完了」をクリックします。

STEP 1-7

解説 「取込帳票選択」画面が表示されるので、各帳票名称を確認し、「確定」をクリックします。
※取込不要な帳票がある場合には、該当帳票のチェックを外します。

STEP 1-8

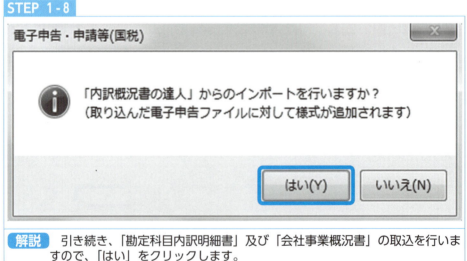

解説 引き続き、「勘定科目内訳明細書」及び「会社事業概況書」の取込を行いますので、「はい」をクリックします。

1 e-Tax の流れ　153

STEP 1-9

　「次へ」をクリックします。

STEP 1-10

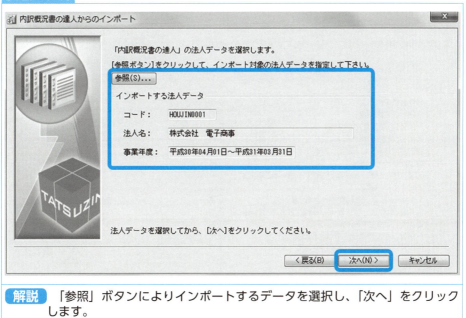

解説　「参照」ボタンによりインポートするデータを選択し、「次へ」をクリックします。

154　第5章　電子申告のデータ送信マニュアル

STEP 1-11

解説　「完了」をクリックします。

STEP 1-12

解説　「取込帳票選択」画面が表示されるので、各帳票名称を確認し、「確定」をクリックします。
　　　　※取込不要な帳票がある場合には、該当帳票のチェックを外します。

STEP 1-13

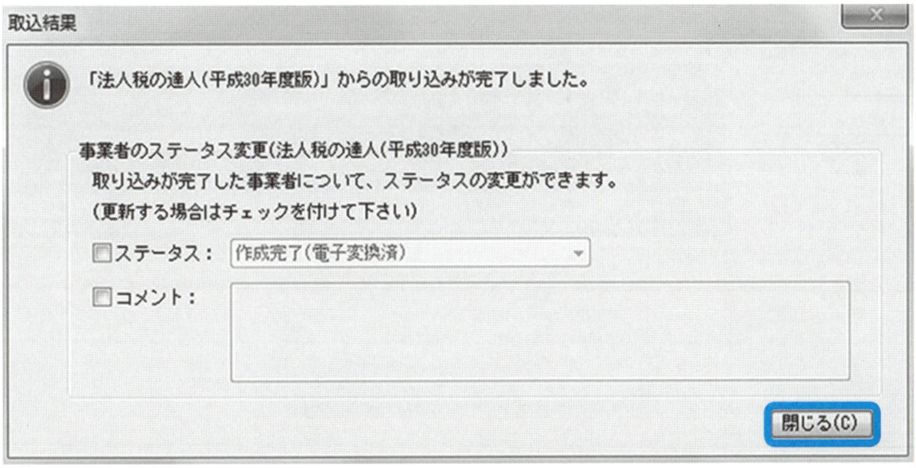

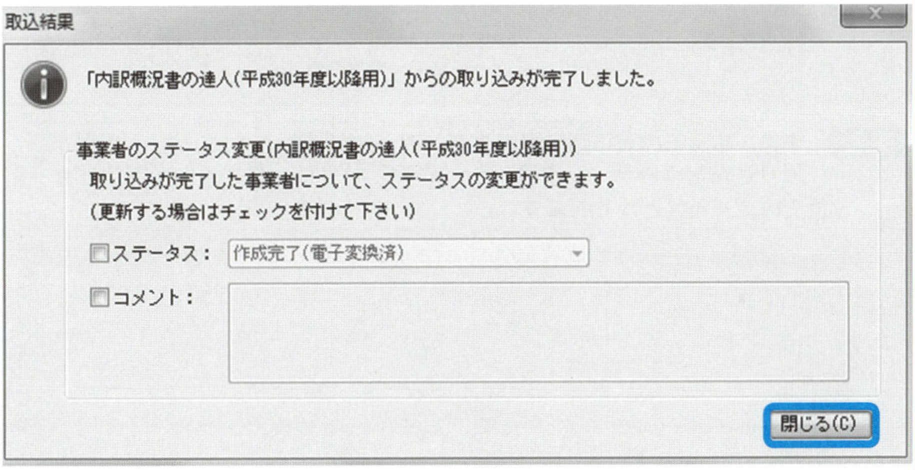

取込結果

「法人税の達人(平成30年度版)」からの取り込みが完了しました。

事業者のステータス変更(法人税の達人(平成30年度版))
取り込みが完了した事業者について、ステータスの変更ができます。
(更新する場合はチェックを付けて下さい)

☐ ステータス： 作成完了(電子変換済)
☐ コメント：

[閉じる(C)]

取込結果

「内訳概況書の達人(平成30年度以降用)」からの取り込みが完了しました。

事業者のステータス変更(内訳概況書の達人(平成30年度以降用))
取り込みが完了した事業者について、ステータスの変更ができます。
(更新する場合はチェックを付けて下さい)

☐ ステータス： 作成完了(電子変換済)
☐ コメント：

[閉じる(C)]

解説 「取込結果」が表示されるので、確認後「閉じる」をクリックします。

156　第5章　電子申告のデータ送信マニュアル

STEP 1-14

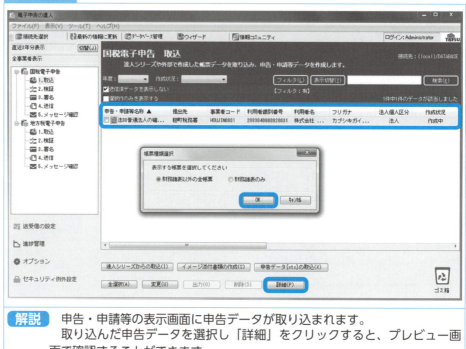

解説　申告・申請等の表示画面に申告データが取り込まれます。
　　　　取り込んだ申告データを選択し「詳細」をクリックすると、プレビュー画面で確認することができます。

STEP 1-15

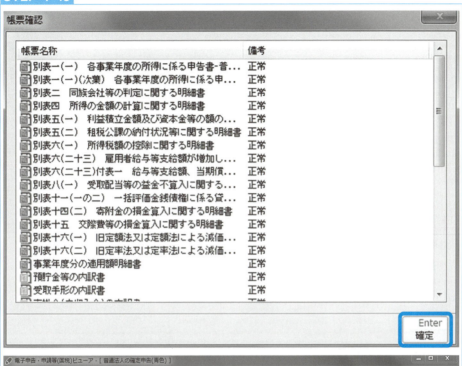

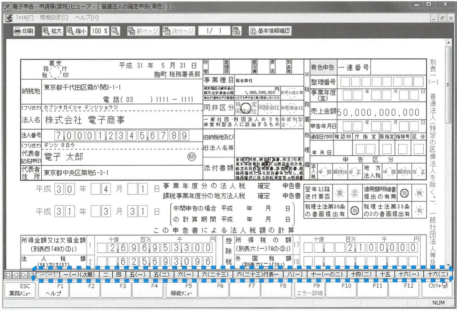

解説　「帳票確認」画面が表示されるので、「確定」をクリックすると、プレビュー画面が表示されます。
　　　帳票イメージ下部のタブを遷移することによって、表示帳票を切り替えることができます。
　　　確認終了後、「×」で画面を閉じます。

STEP 1-16

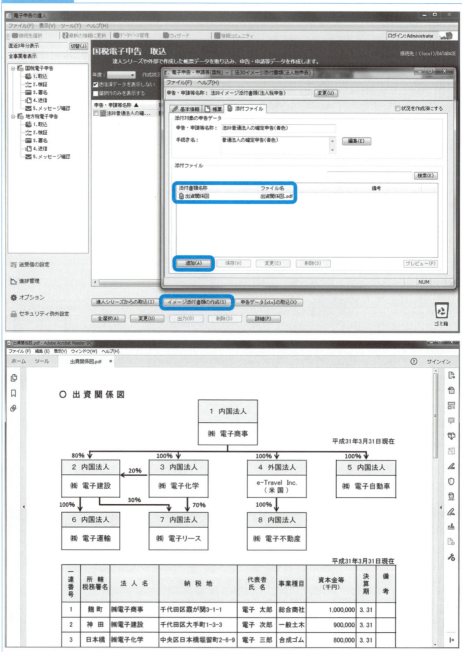

> **解説** 「申告データ」にイメージデータ（PDFファイル）を添付する場合には、申告データを選択し「イメージ添付書類の作成」をクリックした後、「参照」ボタンによりファイルを指定してファイル名を入力し「追加」をクリックします。
>
> 追加した添付書類は「プレビュー」ボタンで内容を確認することができます。

STEP 1-17

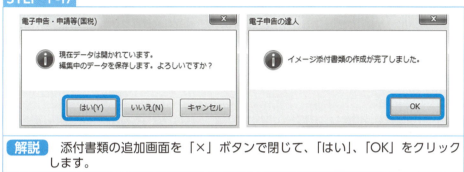

解説 添付書類の追加画面を「×」ボタンで閉じて、「はい」、「OK」をクリックします。

STEP 1-18

解説 申告・申請等の表示画面にイメージデータが取り込まれます。
以上で、申告データの取込は完了です。

(2) 電子署名

① 法人が電子署名する場合

以下では、取り込んだ申告データに電子署名を付与する手順を解説します。

STEP 2-1-1

解説 「国税電子申告／署名」メニューで、署名する申告データにチェックを付けて「署名追加」をクリックします。
※「全選択」をクリックすると、すべての申告データにチェックが入ります。

1　e-Taxの流れ　　161

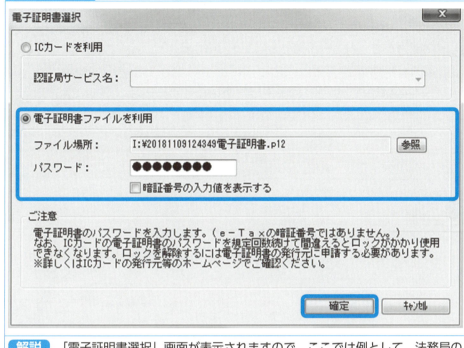

解説　「電子証明書選択」画面が表示されますので、ここでは例として、法務局の電子証明書を利用して電子署名を付与していきます。
　　　「電子証明書ファイルを利用」を選択し、電子証明書ファイルの保存場所を指定して電子証明書の「パスワード」を入力後、「確定」をクリックします。

STEP 2-1-3

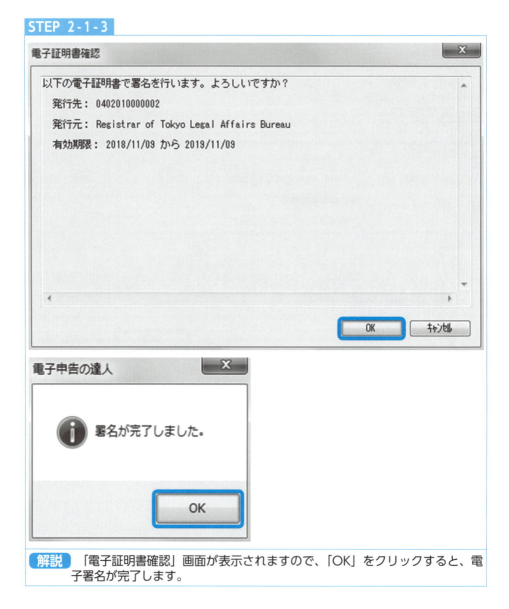

解説 「電子証明書確認」画面が表示されますので、「OK」をクリックすると、電子署名が完了します。

② 税理士等に電子署名を依頼する場合

　関与税理士等に代理送信を依頼する場合には、法人代表者の電子署名を省略することができます。

　以下では、法人が作成し読み込んだ申告データを税理士等に引き継いで、税理士等に電子署名を付与してもらう手順を解説します。

　（税理士による代理送信の場合には、電子署名後の申告データ送信も税理士が行うことになります。）

STEP 2-2-1

解説　関与税理士等に電子署名の付与を依頼するためには、読み込んだ申告データをエクスポート（出力）して、メールに添付して送付するなどの対応が必要となります。
　エクスポートする申告データを選択して「出力」をクリックし、出力方法、保存場所等を指定し「OK」をクリックします。

164　第5章　電子申告のデータ送信マニュアル

STEP 2-2-2

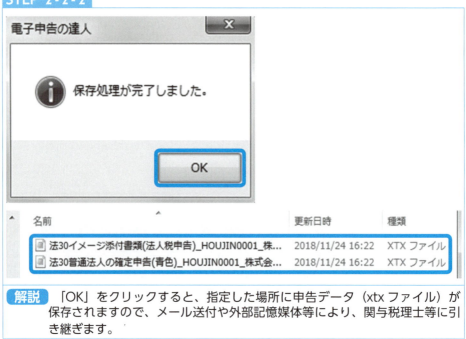

解説　「OK」をクリックすると、指定した場所に申告データ（xtxファイル）が保存されますので、メール送付や外部記憶媒体等により、関与税理士等に引き継ぎます。

STEP 2-2-3

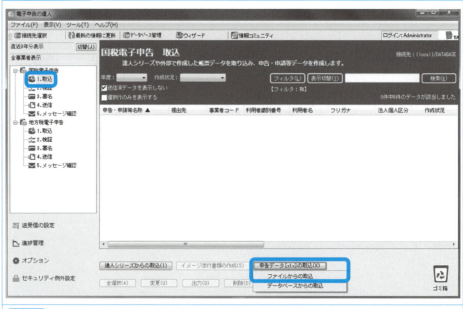

解説　申告データを受領した関与税理士等は「達人Cube」にログインして「電子申告の達人」を起動し、「国税電子申告／取込」メニューから、「申告データ［xtx］の取込」⇒「ファイルからの取込」をクリックします。

1 e-Tax の流れ　　165

STEP 2-2-4

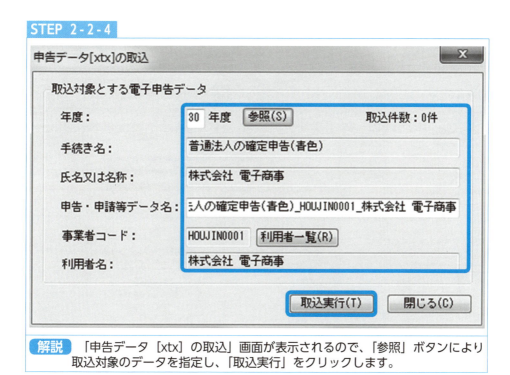

解説　「申告データ［xtx］の取込」画面が表示されるので、「参照」ボタンにより取込対象のデータを指定し、「取込実行」をクリックします。

STEP 2-2-5

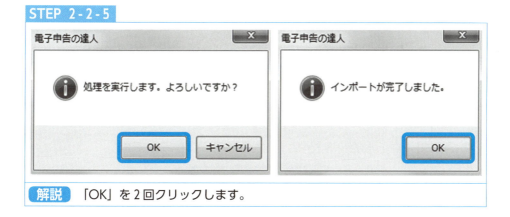

解説　「OK」を2回クリックします。

STEP 2-2-6

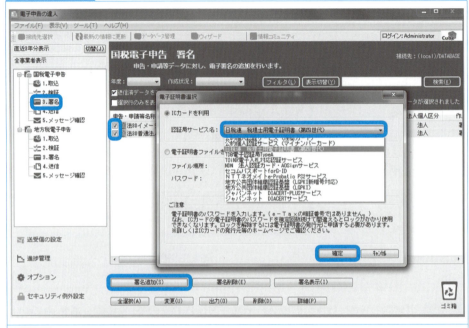

解説 「国税電子申告／署名」メニューで、署名する申告データにチェックを付けて「署名追加」をクリックし、日本税理士会連合会の電子証明書を選択し「確定」をクリックします。
※税理士の電子証明書はICカードに格納されているため、パソコンにICカードリーダライタを接続し、ICカードを挿入する必要があります。

STEP 2-2-7

解説 電子証明書の「パスワード」を入力後、「OK」をクリックします。

STEP 2-2-8

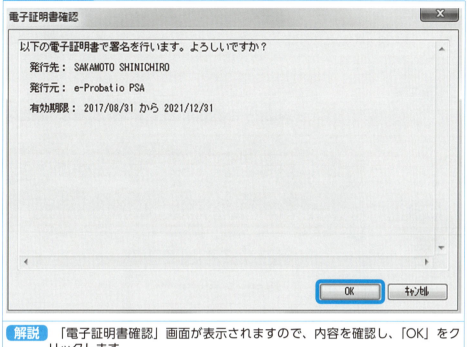

 「電子証明書確認」画面が表示されますので、内容を確認し、「OK」をクリックします。

STEP 2-2-9

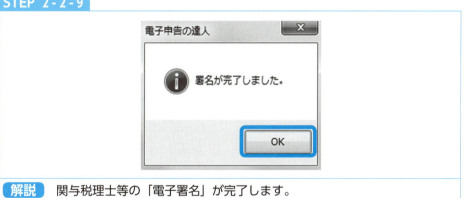

 関与税理士等の「電子署名」が完了します。

(3) 申告データ送信

　以下では、法人代表者等の電子署名後、法人が自ら申告データを送信する手順について解説します。

STEP 3-1

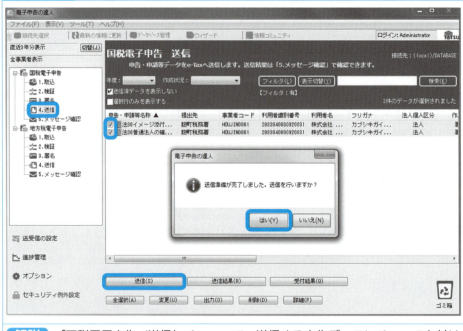

解説　「国税電子申告／送信」メニューで、送信する申告データにチェックを付けて「送信」をクリックし、「はい」をクリックします。

STEP 3-2

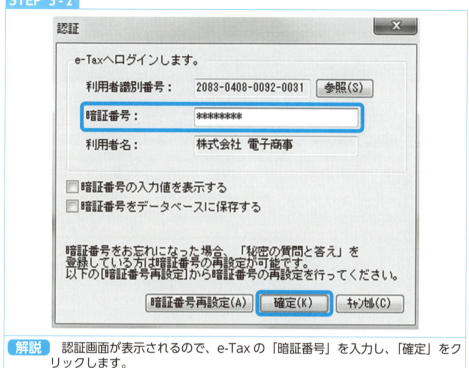

解説　認証画面が表示されるので、e-Tax の「暗証番号」を入力し、「確定」をクリックします。

STEP 3-3

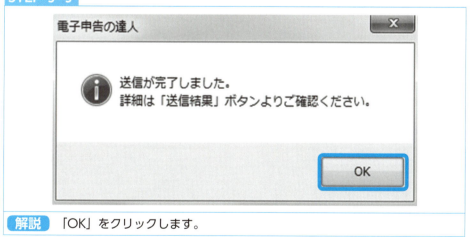

解説　「OK」をクリックします。

170　第5章　電子申告のデータ送信マニュアル

STEP 3-4

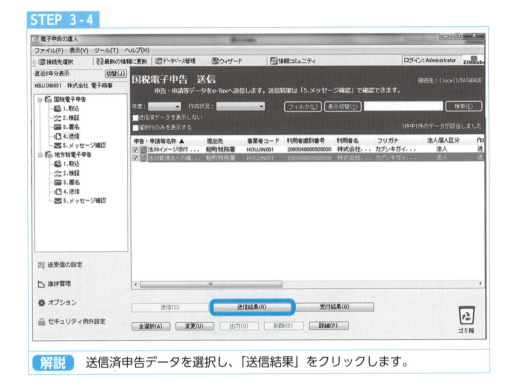

解説　送信済申告データを選択し、「送信結果」をクリックします。

1 e-Taxの流れ　171

STEP 3-5

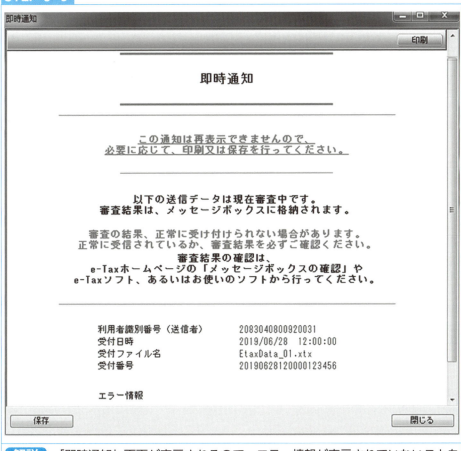

解説　「即時通知」画面が表示されるので、エラー情報が表示されていないことを確認します。

※エラー情報が表示されている場合には、エラー解明を行った後に、申告期限内に申告等データを再送信する必要があります。

STEP 3-6

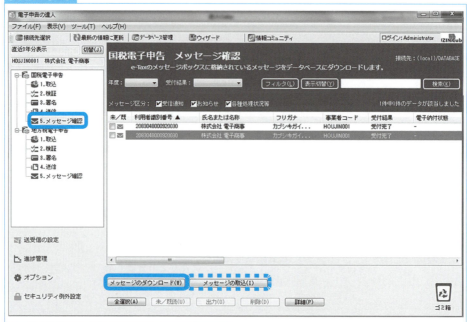

解説 「国税電子申告／メッセージ確認」メニューから、「メッセージのダウンロード」をクリックします。

なお、e-Taxシステム側の処理状況が混み合っていなければ、メール詳細（受信通知）も即時通知とともに自動ダウンロードする仕様となっていますので、この場合「メッセージのダウンロード」をクリックする必要はありません。

※メール詳細（受信通知）は、メッセージボックスに格納された日から1,900日間（約5年間）を経過すると削除されますが、「メッセージの取込」ボタンでローカルのデータベースにダウンロードすることができますので、e-Taxシステム上の保存期間にかかわらず、データを保持することができます。

STEP 3-7

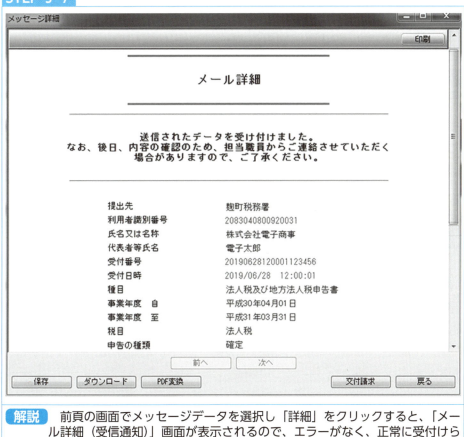

解説 前頁の画面でメッセージデータを選択し「詳細」をクリックすると、「メール詳細（受信通知）」画面が表示されるので、エラーがなく、正常に受付けられていることを確認します。

以上で、申告データの送信は完了です。

2 eLTAXの流れ

(1) 申告データ取込

　一般的に、企業が法人住民税及び法人事業税の電子申告を行う場合、社団法人地方税電子化協議会が提供するeLTAXソフト（PCdesk）を利用するよりも、操作性・機能性に優れている電子申告対応の市販ソフトを利用した方が、作業効率が高いため、実際に市販ソフトを導入している企業が多いことから、本書においても、株式会社NTTデータの製品である「電子申告の達人[2]」を使用して解説しています。

　「電子申告の達人」を利用した法人住民税及び法人事業税の申告データ送信までの流れは次のとおりです。

【STEP 1】申告データ取込（175ページ）

　「法人税の達人」で作成した法人住民税及び法人事業税申告書等を「電子申告の達人」に取り込みます。

【STEP 2】電子署名（187ページ）

　取り込んだ申告データに法人代表者等の電子証明書で電子署名を付与します。

【STEP 3】申告データ送信（195ページ）

　eLTAXにログインして署名済みの申告データを送信し、送信後に受信する審査結果の確認を行います。

　まず、STEP 1の申告データの取込から解説します。

---

[2] 「達人®」、「達人Cube®」、「法人税の達人®」、「内訳概況書の達人®」、「電子申告の達人®」は、株式会社NTTデータの日本における登録商標です。これらの登録商標は、日本国内において販売される株式会社NTTデータの商品に使用するものです。

STEP 1-1

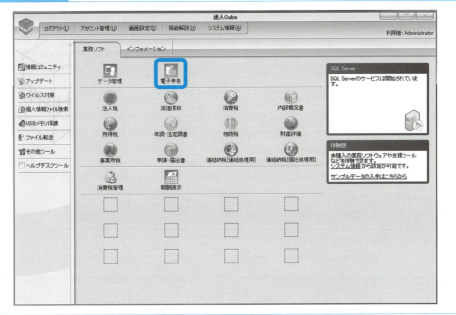

解説 達人Cubeにログインして、「電子申告の達人」を起動します。

STEP 1-2

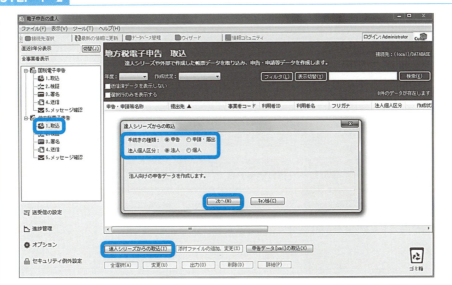

解説 最初に法人都道府県民税及び法人事業税の申告データを取り込みます。
「地方税電子申告／取込」メニューで、「達人シリーズからの取込」をクリックし、手続きの種類で「申告」を、法人個人区分で「法人」を選択し、「次へ」をクリックします。

176　第5章　電子申告のデータ送信マニュアル

STEP 1-3

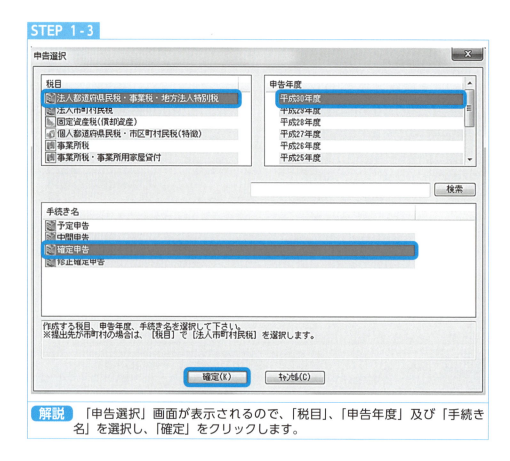

解説　「申告選択」画面が表示されるので、「税目」、「申告年度」及び「手続き名」を選択し、「確定」をクリックします。

STEP 1-4

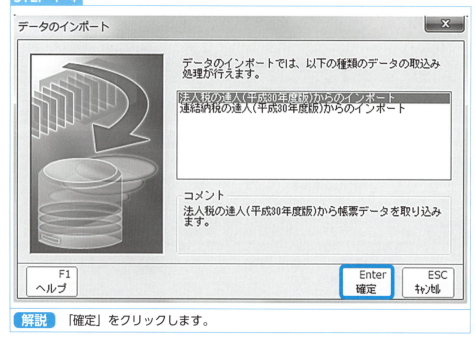

解説　「確定」をクリックします。

STEP 1-5

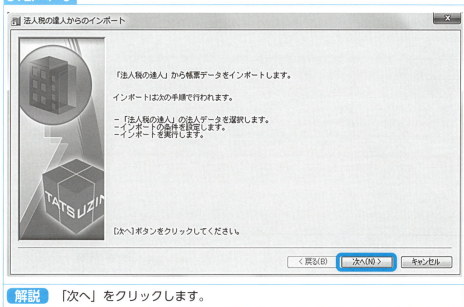

解説 「次へ」をクリックします。

STEP 1-6

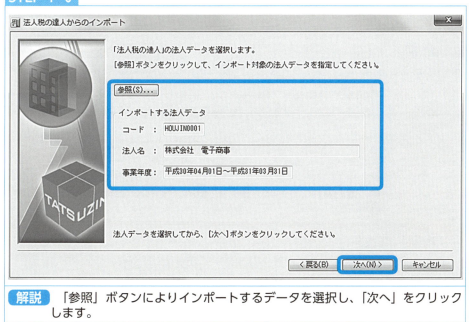

解説 「参照」ボタンによりインポートするデータを選択し、「次へ」をクリックします。

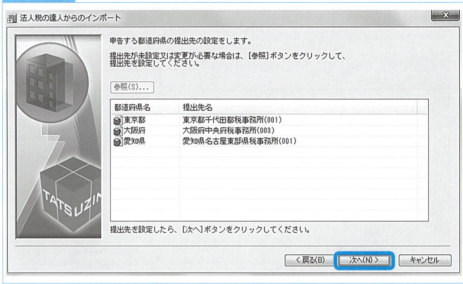

解説　申告書提出先の都道府県の設定画面が表示されるので、内容を確認し「次へ」をクリックします。
　　※提出先が未設定または変更が必要な場合は、「参照」ボタンをクリックして提出先を設定します。

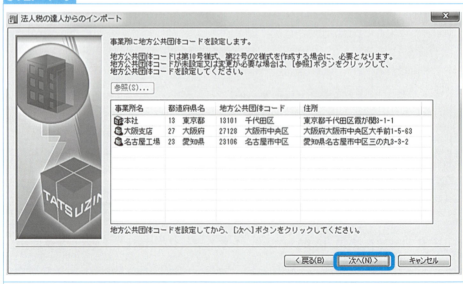

解説　事業所が存在する地方公共団体コードの設定画面が表示されるので、内容を確認し「次へ」をクリックします。
　　※コードが未設定または変更が必要な場合は、「参照」ボタンをクリックしてコードを設定します。

2　eLTAX の流れ　179

STEP 1-9

解説　［完了］をクリックします。

STEP 1-10

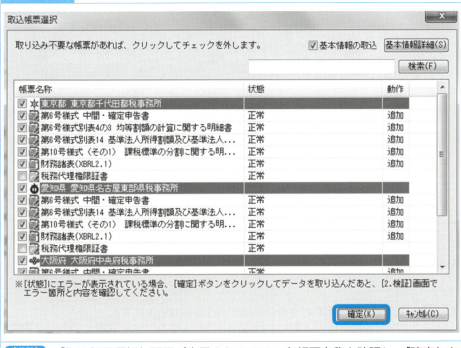

解説　「取込帳票選択」画面が表示されるので、各帳票名称を確認し、［確定］をクリックします。
　　　　※取込不要な帳票がある場合には、該当帳票のチェックを外します。

STEP 1-11

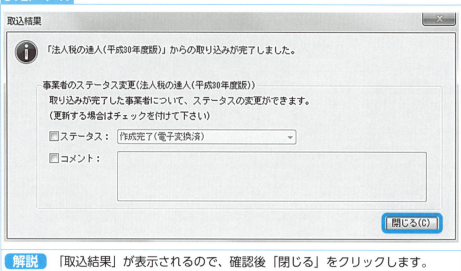

解説 「取込結果」が表示されるので、確認後「閉じる」をクリックします。

STEP 1-12

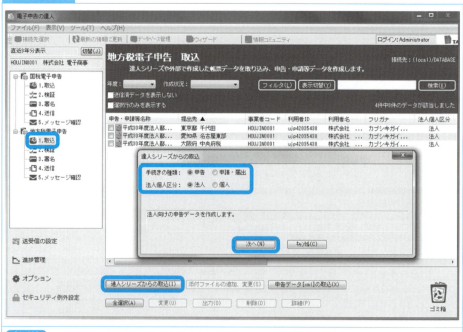

解説 引続き、法人市町村民税の申告データを取り込みます。
「地方税電子申告／取込」メニューで、「達人シリーズからの取込」をクリックし、手続の種類で「申告」を、法人個人区分で「法人」を選択し、「次へ」をクリックします。

2　eLTAXの流れ　　*181*

STEP 1-13

解説　「申告選択」画面が表示されるので、「税目」、「申告年度」及び「手続き名」を選択し、「確定」をクリックします。

STEP 1-14

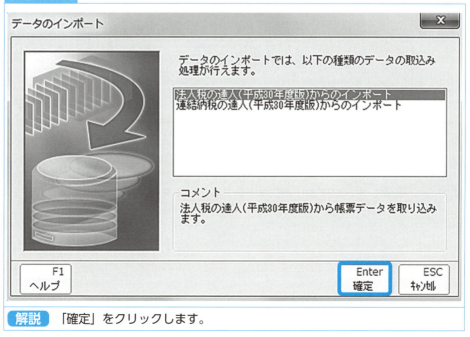

解説　「確定」をクリックします。

182 第5章 電子申告のデータ送信マニュアル

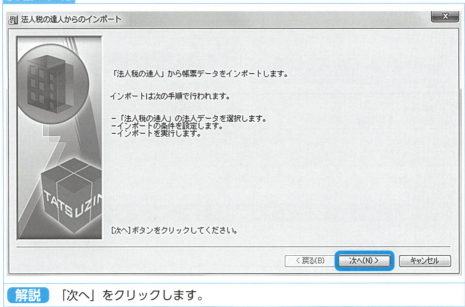

解説 「次へ」をクリックします。

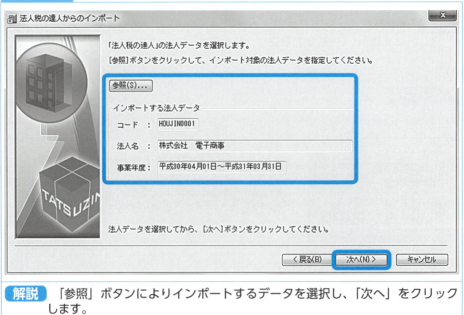

解説 「参照」ボタンによりインポートするデータを選択し、「次へ」をクリックします。

STEP 1-17

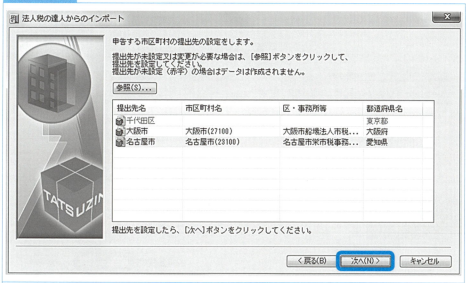

解説 申告書提出先の市区町村の設定画面が表示されるので、内容を確認し「次へ」をクリックします。
　　※提出先が未設定または変更が必要な場合は、「参照」ボタンをクリックして提出先を設定します。

STEP 1-18

解説 事業所が存在する地方公共団体コードの設定画面が表示されるので、内容を確認し「次へ」をクリックします。
　　※コードが未設定または変更が必要な場合は、「参照」ボタンをクリックしてコードを設定します。

STEP 1-19

解説 「完了」をクリックします。

STEP 1-20

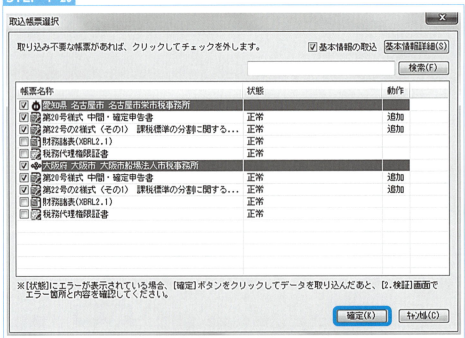

解説 「取込帳票選択」画面が表示されるので、各帳票名称を確認し、「確定」をクリックします。
※取込不要な帳票がある場合には、該当帳票のチェックを外します。

STEP 1-21

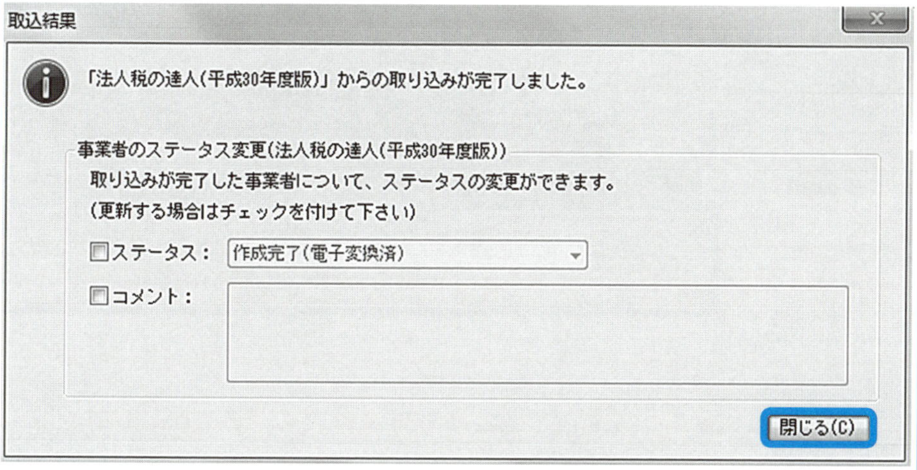

取込結果

「法人税の達人(平成30年度版)」からの取り込みが完了しました。

事業者のステータス変更(法人税の達人(平成30年度版))
取り込みが完了した事業者について、ステータスの変更ができます。
(更新する場合はチェックを付けて下さい)

☐ ステータス： 作成完了(電子変換済)
☐ コメント：

[閉じる(C)]

解説 「取込結果」が表示されるので、確認後「閉じる」をクリックします。

186　第5章　電子申告のデータ送信マニュアル

STEP 1-22

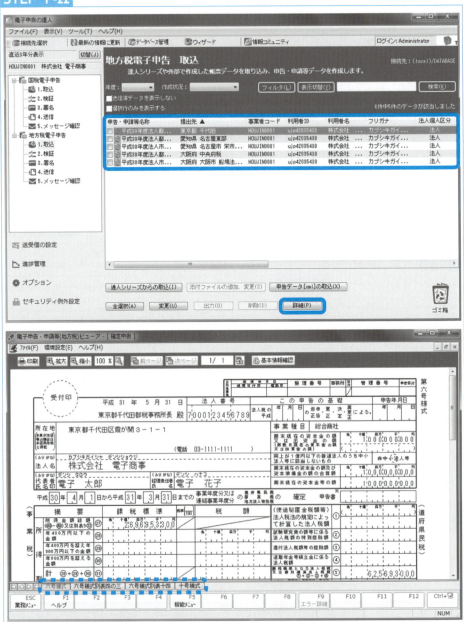

解説　申告・申請等の表示画面に申告データが取り込まれます。
以上で、地方税申告データの取込は完了です。
　取り込んだ申告データを選択し「詳細」をクリックすると、プレビュー画面で確認することができます。
　※帳票イメージ下部のタブを遷移することによって、表示帳票を切り替えることができます。

(2) 電子署名

① 法人が電子署名する場合

以下では、取り込んだ申告データに電子署名を付与する手順を解説します。

STEP 2-1-1

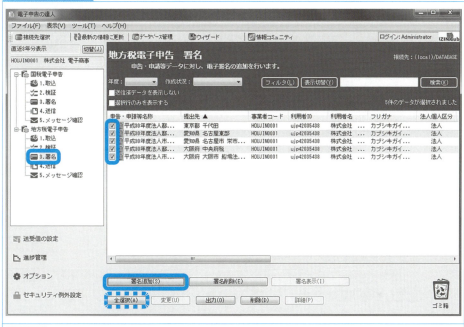

解説 「地方税電子申告／署名」メニューで、署名する申告データにチェックを付けて「署名追加」をクリックします。
※「全選択」をクリックすると、すべての申告データにチェックが入ります。

STEP 2-1-2

電子証明書選択

○ ICカードを利用
　認証局サービス名：

◉ 電子証明書ファイルを利用
　ファイル場所： I:¥20181109124349電子証明書.p12 　[参照]
　パスワード： ●●●●●●●●
　□ 暗証番号の入力値を表示する

ご注意
電子証明書のパスワードを入力します。（地方税ポータルセンタの暗証番号ではありません。）
なお、ICカードの電子証明書のパスワードを規定回数続けて間違えるとロックがかかり使用できなくなります。ロックを解除するには電子証明書の発行元に申請する必要があります。
※詳しくはICカードの発行元等のホームページでご確認ください。

[設定]　　　　　　　　　　　　　　　　　　　[確定]　[キャンセル]

解説　「電子証明書選択」画面が表示されますので、ここでは例として、法務局の電子証明書を利用して電子署名を付与していきます。
　　「電子証明書ファイルを利用」を選択し、電子証明書ファイルの保存場所を指定して電子証明書の「パスワード」を入力後、「確定」をクリックします。

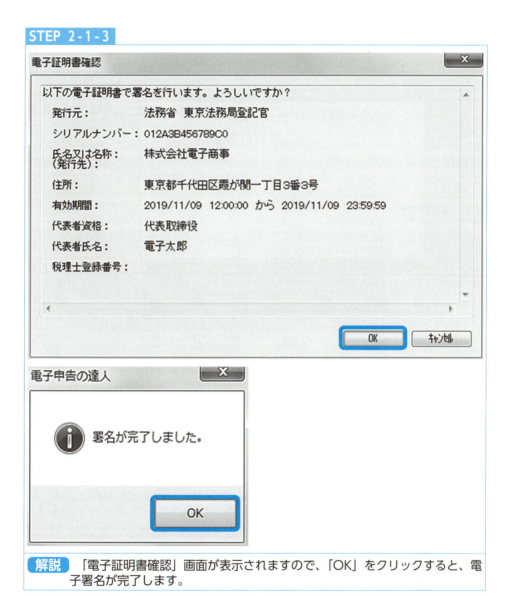

解説　「電子証明書確認」画面が表示されますので、「OK」をクリックすると、電子署名が完了します。

② 税理士等に電子署名を依頼する場合

　関与税理士等に代理送信を依頼する場合には、法人代表者の電子署名を省略することができます。

　以下では、法人が作成し読み込んだ申告データを税理士等に引き継いで、税理士等に電子署名を付与してもらう手順を解説します。

　（税理士による代理送信の場合には、電子署名後の申告データ送信も税理士が行うことになります。）

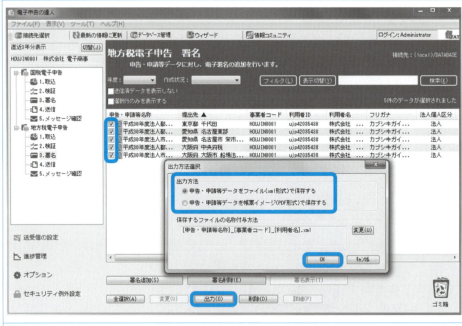

解説　関与税理士等に電子署名を依頼するためには、申告データをエクスポート（出力）して、メールに添付して送付するなどの対応が必要となります。
　エクスポートする申告データを選択して「出力」をクリックし、出力方法、保存場所等を指定し「OK」をクリックします。

STEP 2-2-2

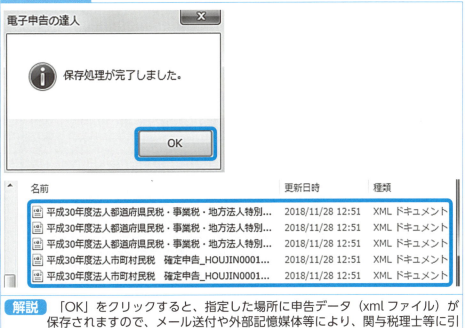

解説 「OK」をクリックすると、指定した場所に申告データ（xmlファイル）が保存されますので、メール送付や外部記憶媒体等により、関与税理士等に引き渡します。

STEP 2-2-3

解説 申告データを受領した関与税理士等が「電子申告の達人」を利用している場合、「地方税電子申告／取込」メニューから、「申告データ［xml］の取込」⇒「ファイルからの取込」をクリックします。

STEP 2-2-4

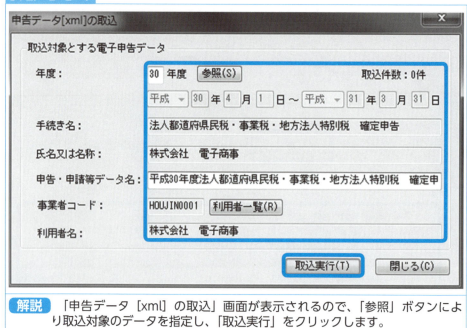

解説 「申告データ[xml]の取込」画面が表示されるので、「参照」ボタンにより取込対象のデータを指定し、「取込実行」をクリックします。

STEP 2-2-5

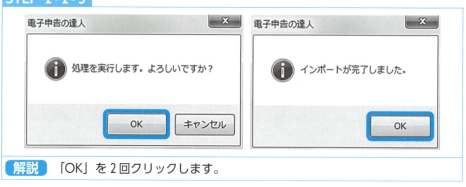

解説 「OK」を2回クリックします。

STEP 2-2-6

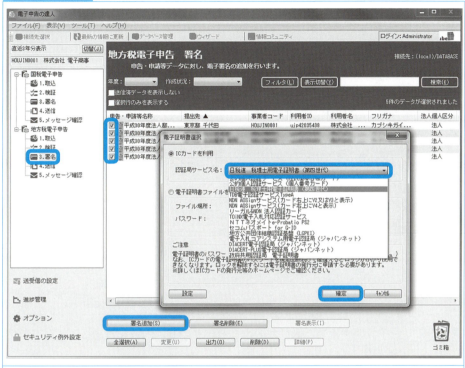

解説 「地方税電子申告／署名」メニューで、署名する申告データにチェックを付けて「署名追加」をクリックし、日本税理士会連合会の電子証明書を選択し「確定」をクリックします。
※税理士の電子証明書はICカードに格納されているため、パソコンにICカードリーダライタを接続する必要があります。

STEP 2-2-7

解説 電子証明書の「パスワード」を入力後、「OK」をクリックします。

194 第5章 電子申告のデータ送信マニュアル

STEP 2-2-8

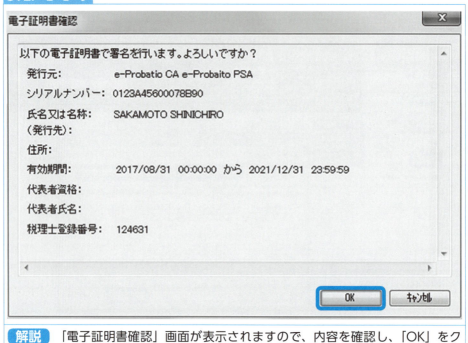

解説 「電子証明書確認」画面が表示されますので、内容を確認し、「OK」をクリックします。

STEP 2-2-9

解説 関与税理士等の「電子署名」が完了します。

(3) 申告データ送信

　以下では、法人代表者等の電子署名後、法人自らが申告データを送信する手順について解説します。

STEP 3-1

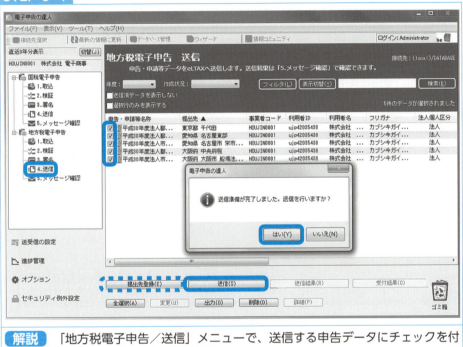

解説　「地方税電子申告／送信」メニューで、送信する申告データにチェックを付けて「送信」をクリックします。
　　　　※「提出先登録」ボタンにより、本来、事前準備で必要となる申告データの提出先を一括して登録することができます。

196　第5章　電子申告のデータ送信マニュアル

STEP 3-2

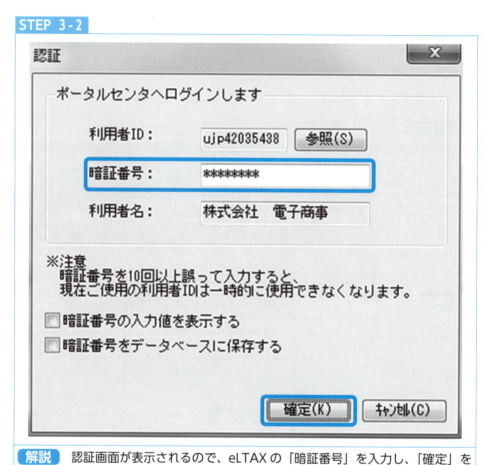

解説　認証画面が表示されるので、eLTAXの「暗証番号」を入力し、「確定」をクリックします。

STEP 3-3

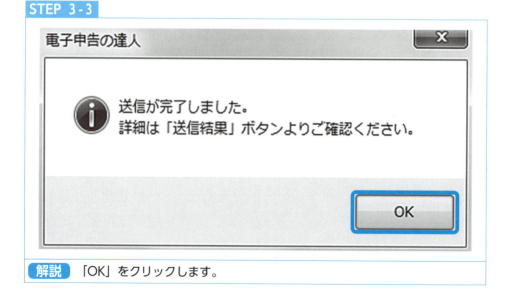

解説　「OK」をクリックします。

STEP 3-4

解説 送信済申告データを選択し、「送信結果」をクリックします。

198　第5章　電子申告のデータ送信マニュアル

STEP 3-5

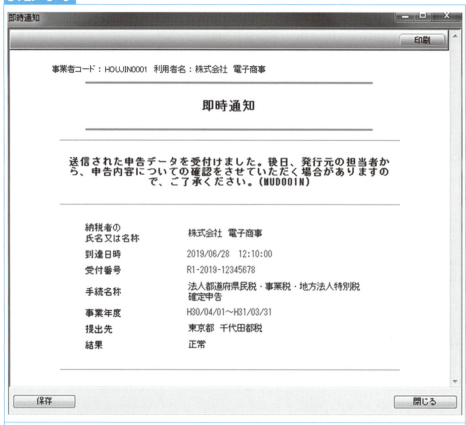

解説　「即時通知」画面[3]が表示されるので、エラー情報がないことを確認します。
※エラー情報が表示されている場合には、エラー解明を行った後に、申告期限内に申告等データを再送信する必要があります。

3　PCdesk（eLTAX）ソフトを使用した場合には、「送信結果」画面として表示されます。

STEP 3-6

解説 「地方税電子申告／メッセージ確認」メニューから、「メッセージのダウンロード」をクリックします。

　なお、eLTAXシステム側の処理状況が混み合っていなければ、受付完了通知も即時通知とともに自動ダウンロードする仕様となっていますので、この場合「メッセージのダウンロード」をクリックする必要はありません。

※受付完了通知は、メッセージボックスに格納された日から120日を経過すると削除されますが、「メッセージの取込」ボタンでローカルのデータベースにダウンロードすることができますので、eLTAXシステム上の保存期間にかかわらず、データを保持することができます。

STEP 3-7

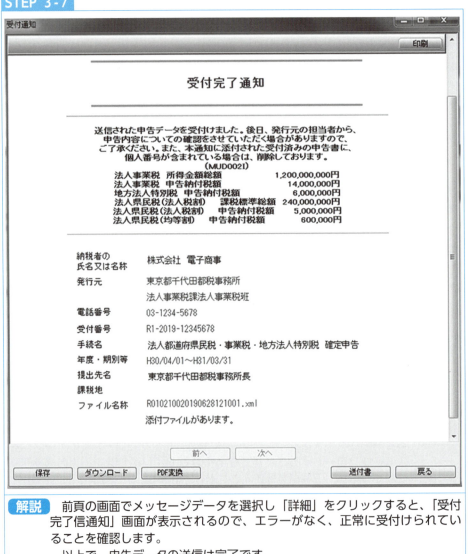

解説 前頁の画面でメッセージデータを選択し「詳細」をクリックすると、「受付完了信通知」画面が表示されるので、エラーがなく、正常に受付けられていることを確認します。
　以上で、申告データの送信は完了です。

3 〔参考〕義務化対象外手続とe-Taxソフト（WEB版）の使い方

　e-Taxソフトには、87ページで解説している「e-Taxソフト（ダウンロード版）」以外に、パソコンへのインストール等を行わずWEB上で利用することができる「e-Taxソフト（WEB版）」と「e-Taxソフト（SP版＝スマートフォン版）」とがあります。

　「e-Taxソフト（WEB版）」と「e-Taxソフト（SP版）」は、納税証明書の交付請求や源泉所得税の徴収高計算書の提出など義務化対象外の一部手続について、限定的に利用することができるシステムです。

　以下では、「e-Taxソフト（WEB版）」の使い方について解説します。

STEP 1-1

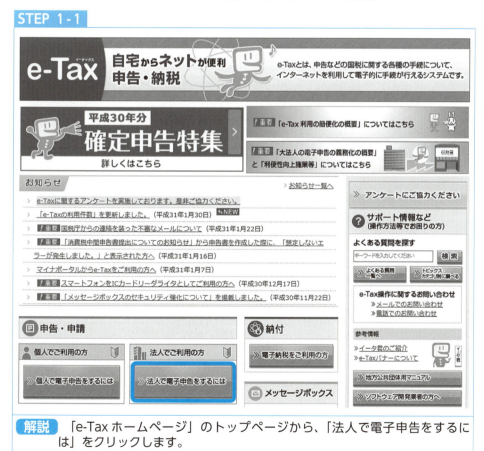

解説　「e-Taxホームページ」のトップページから、「法人で電子申告をするには」をクリックします。

STEP 1-2

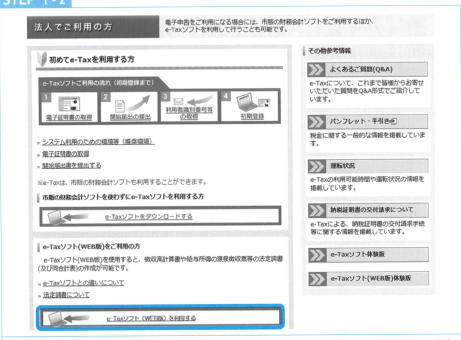

解説　「法人でご利用の方」画面が表示されるので、「e-Tax ソフト（WEB 版）を利用する」をクリックします。

STEP 1-3

解説　手順4の「事前準備セットアップ」をクリックし、操作画面に従って、e-Tax ソフト（WEB 版）をインストールします。

3 〔参考〕義務化対象外手続とe-Taxソフト（WEB版）の使い方　203

STEP 1-4

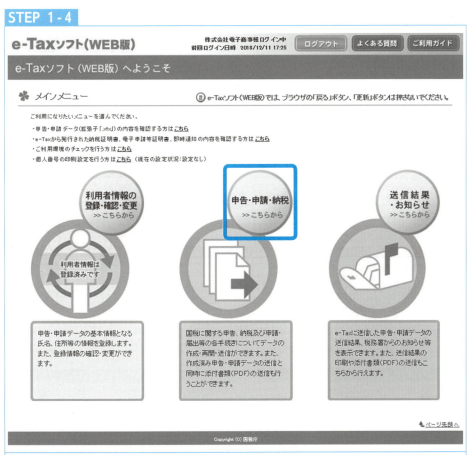

解説　e-Taxソフト（WEB版）をインストール後、e-Taxの利用者識別番号と暗証番号によりログインし、法人名等の利用者情報を登録すれば、電子申請等が利用可能になります。
　「申告・申請・納税≫こちらから」をクリックします。

204 第5章 電子申告のデータ送信マニュアル

解説　「申告・申請・納税」画面が表示されるので、新規作成メニューの「操作に進む」をクリックします。

3 〔参考〕義務化対象外手続とe-Taxソフト（WEB版）の使い方　205

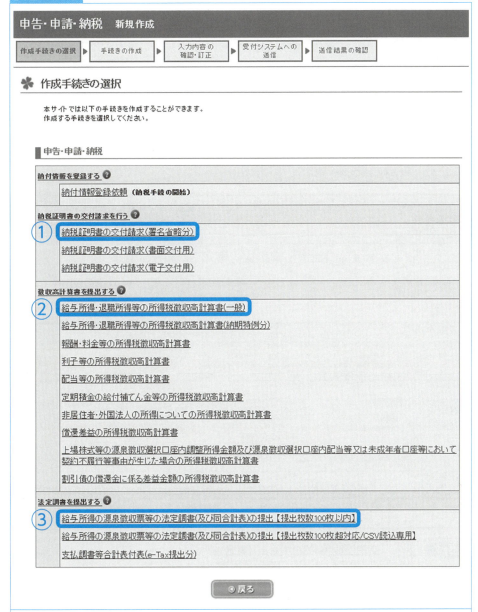

206　第5章　電子申告のデータ送信マニュアル

STEP 1-7

納税証明書交付請求書（書面交付用）

麹町税務署長　あて

平成30年12月12日

収入印紙ちょう付欄
（消印しないでください）

住　所（納税地）：東京都千代田区霞が関3丁目1番1号
（フリガナ）：カブシキガイシャデンシショウジ
氏名又は法人名及び代表者氏名：株式会社電子商事　デンシタロウ　電子太郎
個人番号又は法人番号：7　0001　2345　6789
信託の名称：

下記のとおり、納税証明書の交付を請求します。

記

受取方法	○郵送（簡易書留）　○郵送（普通郵便）　●税務署窓口	（来署予定日：平成 30 年 12 月 14 日）

証明書の種類	☑その1	□その2	□その3　☑その3の2　□その3の3	□その4
証明を受けようとする税目 （該当する税目にレ印を記入してください。）	☑申告所得税及復興特別所得税・法人税　☑消費税及地方消費税　□その他（　）	□申告所得税及復興特別所得税・法人税　□法人税（連結納税）	□申告所得税及復興特別所得税・法人税　□消費税及地方消費税　□その他（　）	
証明を受けようとする国税の年度	平成　自平成27年4月1日　至平成28年3月31日 年分　自平成28年4月1日　至平成29年3月31日 年分　自平成29年4月1日　至平成30年3月31日	平成　自平成　年　月　日　至平成　年　月　日 年分 年分	平成　自平成　年　月　日　至平成　年　月　日 年分 年分	
証明を受けようとする事項	・納付すべき税額 ・納付済額 ・未納税額 □法定納期限等 □源泉徴収税額 □未納税額のみ （口には、必要な場合にレ印を記入してください。）	所得金額 ※申告所得税及復興特別所得税の証明の場合、所得種類別の証明も可能です。 □には証明を受けようとする事項にレ印を記入してください。 □総所得金額の証明 □事業所得金額の証明 □上記以外の所得金額の証明（　）	未納の税額がないこと ※その3の2は「申告所得税及復興特別所得税」と「消費税及地方消費税」に、その3の3は「法人税」と「消費税及地方消費税」に未納税額がないこととなります。	次の期間について、滞納処分を受けたことがないこと 自平成　年　月　日 至平成　年　月　日
証明書の請求枚数	各 2 枚	枚	2 枚	枚
証明書の使用目的	☑資金借入　□入札参加指名願　□登録申請（更新）　□保証人 □その他（　）			

解説　例①「納税証明書の交付請求（署名省略分）」イメージ
（書面交付用を税務署窓口での受取方法により請求するケース）

　納税証明書の交付請求書（署名省略分）を作成し、e-Taxシステムに送信後に「受信通知」を確認後、事前に納税証明書交付請求書に記載した「来署予定日」に税務署の窓口に出向いて手数料を納付し、納税証明書を受領します。
※署名省略用の請求の場合、電子署名は不要です。
※証明書発行手数料は通常1税目1年度1枚400円のところe-Taxで交付請求を行った場合には370円となります。

STEP 1-8

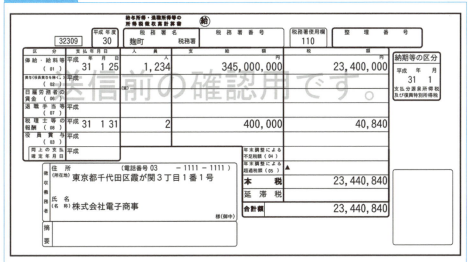

解説 例②「源泉所得税の納付書」イメージ
　源泉所得税の納付書（徴収高計算書）データを作成し、e-Tax システムに送信後、「送信結果・お知らせ」メニューのメッセージボックス一覧から「受信通知（納付区分番号通知)」画面を開き、「インターネットバンキング」または「ダイレクト納付」により電子納税を行います。
※電子署名は不要です。

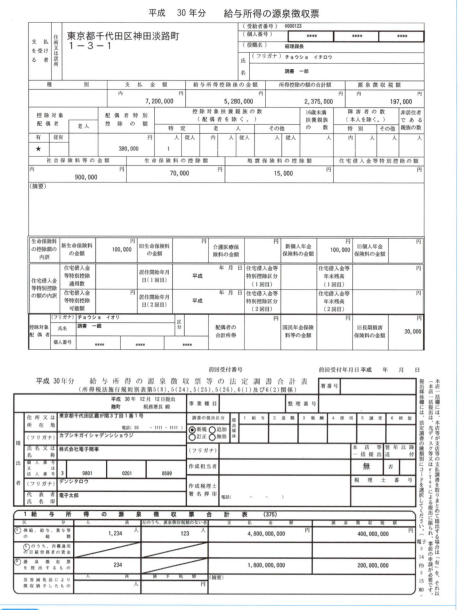

STEP 1-9

解説 例③「法定調書（及び合計表）」イメージ
「給与所得の源泉徴収票」、「報酬料金等の源泉徴収票」、「不動産の使用料等の支払調書」等を作成し、「法定調書合計表」を完成させ、代表者等の電子証明書により電子署名を付与し、e-Taxシステムに送信します。

3 〔参考〕義務化対象外手続と e-Tax ソフト（WEB 版）の使い方　209

CSVファイル作成用ファイル（エクセル形式）〔給与所得の源泉徴収票〕

1	…	11	12	13	14	15	16	17	18	19	20	21	…	125	126	127	128
法定資料の種類		年分	支払を受ける者				種別	支払金額	未払金額	給与所得控除後の給与等の金額	所得控除の額の合計額	源泉徴収税額		16歳未満の扶養親族（4）			備考
			住所又は居所	国外住所表示	氏名	役職名								フリガナ	氏名	区分	
半角「375」		半角・2文字	全角・60文字以内	半角・1文字	全角・30文字以内	全角・15文字以内	全角・10文字以内	半角・10文字以内	半角・10文字以内	半角・10文字以内	半角・10文字以内	半角・10文字以内		全角・30文字以内	全角・30文字以内	半角・2文字	全角・100文字以内

解説 例③（補足）CSV 読込

　e-Tax ソフト（WEB 版）では、法定調書のデータを１枚ずつ入力して作成する方式（入力枚数の上限は100枚）のほか、表計算ソフト「エクセル」を利用して作成した CSV ファイルを用いて、法定調書を作成することもできます。

※2014年１月以降、前々年の法定調書の提出枚数が1,000枚以上の場合には、e-Tax 又は光ディスク等による提出が義務化され、さらに、<u>2021年１月以降は前々年の法定調書の提出枚数が100枚以上の場合に、e-Tax 又は光ディスク等による提出が義務化される</u>ため、該当法人が e-Tax ソフト（WEB 版）を利用する場合には、給与所得の源泉徴収票等を CSV ファイルで作成し、読込後に合計表に転記し、電子署名後、e-Tax システムに送信することになります。

※ CSV ファイル作成用ファイル（エクセル形式）は e-Tax ホームページで公開されています。

第6章
利便性向上のための各種施策

これまでの主な取組み

　2004年2月に名古屋国税局管内の利用者に対してサービスが開始され、2004年6月に全国にサービスが拡大されたe-Taxシステムは、その普及・促進のために、これまでにも様々な取組みが行われてきました。以下、主な取組みを紹介します。

Ⅰ　還付申告の早期処理（2006年11月～）

　書類に不備がある場合を除き、所得税、法人税及び消費税の還付申告をe-Taxで送信した場合には、通常6週間程度かかる還付処理が約半分の3週間程度に短縮されることとなり、申告書を書面で提出する場合に比べて、より早く還付金を受け取ることができるようになりました。

Ⅱ　税理士による代理送信（2007年1月～）

　顧問税理士等が納税者の依頼を受けて税務書類を作成し、電子申告を行う場合に、納税者本人の電子署名を省略することができるようになりました。

Ⅲ　ダイレクト納付のサービス開始（2009年9月～）

　インターネットバンキング等を利用した既存の電子納税に加え、新たな電子納税手段としてダイレクト納付の利用が可能となりました。
　（事前に「ダイレクト納付利用届出書」の提出が必要です。45ページ参照）

Ⅳ　e-Taxソフト（WEB版）のサービス開始（2012年1月～）

　e-Taxソフトをパソコンへインストールすることなく、WEB上の画面案内に従って入力することで、e-Taxのサービスのうち一部の手続（法定調書及び同合計表提出、源泉所得税納付、納税証明書交付請求等）を利用することができるようになりました（201ページ参照）。

Ⅴ　e-Taxソフト（SP版）のサービス開始（2014年6月～）

　スマートフォン等の普及に伴い、納税者の利便性の向上を図るため、それまでパソコンによる利用を前提としていたe-Taxソフト（WEB版）のサービスのうち一部の手続（源泉所得税納付、納税証明書交付請求等）について、スマートフォンやタブレット端末による利用が可能となりました。

Ⅵ　イメージデータ（PDF形式）による送信（2016年4月～）

　e-Taxで申告、申請・届出等を行う場合に、別途郵送等で書面により提出する必要がある添付書類について、書面による提出に代えて、イメージデータ（PDF形式）により提出することができるようになりました。

2　法人税等の電子申告義務化に向けた「利便性向上施策等一覧」

　平成30年度税制改正では、ICTの活用を推進しデータの円滑な利用を進めることにより、社会全体のコスト削減及び企業の生産性向上を図る観点から、法人税等の電子申告について、「大法人の電子申告の義務化」とともに、「中小法人も含めて申告データを円滑に電子提出するための環境整備の見直し」が行われました。

　申告データの円滑な電子提出のための環境整備については、主に法人税や消費税の電子申告を対象として、「Ⅰ　提出情報等のスリム化」、「Ⅱ　データ形式の柔軟化」、「Ⅲ　提出方法の拡充」、「Ⅳ　提出先の一元化」、「Ⅴ　認証手続の簡便化」という観点から制度・運用両面について見直しが行われました。

Ⅰ　「提出情報等のスリム化」

　2019年4月以後終了事業年度の申告から、勘定科目内訳明細書に記載する件数や記載内容等の省略が可能となります。

Ⅱ　「データ形式の柔軟化」

　2019年4月以後の申告から、法人税申告書別表6(1)（所得税控除に関する明細書）等のように明細の記載量が多い部分や、勘定科目内訳明細書について、従来のXML形式だけではなくCSV形式による提出も可能となります。

Ⅲ　「提出方法の拡充」

　2020年4月以後の申告から、e-Taxで送信することができないような大容量の申告等データ（CSV形式又はPDF形式での提出が認められるもの）について、光ディスク等による提出が可能となります。

Ⅳ　「提出先の一元化」

　法人税申告書や法人事業税申告書（外形標準課税対象法人に限ります）を提出する際に、それぞれの申告データに添付して提出する必要がある財務諸表につい

て、2020年4月以後終了事業年度の申告からは、e-Taxシステムへ法人税申告書データを送信する際に財務諸表データを添付して提出すれば、eLTAXシステムへ法人事業税申告書データを送信する際には当該データを添付して提出する必要が無くなります。

V 「認証手続の簡便化」

税理士等による代理送信以外の場合、法人が電子申告を行う際には申告データに必ず代表者の電子証明書により電子署名を付与する必要がありましたが、2018年4月以後の申告からは、当該代表者から委任を受けた役員や社員の電子証明書により電子署名を付与すれば電子申告が可能となりました（電子委任状の添付が必要となります）。

上記を含めて、それ以外にも下の図表6-1に掲げるとおり電子申告の利便性向上のための施策が順次実施することとされています。

図表6-1 利便性向上施策等一覧

施策名	対象税目	No.	概要	適用開始時期（予定）
提出情報等のスリム化	全税目	①	イメージデータ（PDF形式）で送信された添付書類の紙原本の保存不要化	2018年4月以後の申請等
	法人税	②	土地収用証明書等の添付省略（保存義務への転換）【書面も同様】	2018年4月以後終了事業年度の申告
	法人税	③	勘定科目内訳明細書の記載内容の簡素化【書面も同様】	2019年4月以後終了事業年度の申告
データ形式の柔軟化	法人税	④	法人税申告書別表（明細記載を要する部分）のデータ形式の柔軟化（CSV形式）	2019年4月以後の申告
	法人税	⑤	勘定科目内訳明細書のデータ形式の柔軟化（CSV形式）	2019年4月以後の申告
	法人税	⑥	財務諸表のデータ形式の柔軟化（CSV形式）	2020年4月以後の申告
提出方法の拡充	全税目	⑦	e-Taxの送信容量の拡大	2019年1月以後の申告
	法人税等	⑧	添付書類の提出方法の拡充（光ディスク等による提出）	2020年4月以後の申告
提出先の一元化	法人税	⑨	連結納税の承認申請関係書類の提出の一元化【書面も同様】	2019年4月以後の加入・離脱等
	法人税	⑩	連結法人に係る個別帰属額等の届出書の提出先の一元化	2020年4月以後終了事業年度の申告
	法人税	⑪	財務諸表の提出先の一元化	2020年4月以後の申告
認証手続の簡便化	法人税等	⑫	法人代表者の電子署名について、法人の代表者から委任を受けた当該法人の役員・社員の電子署名によることも可能	2018年4月以後の申請等
	法人税等	⑬	法人税等の代表者及び経理責任者の自署押印制度を廃止し、代表者の記名押印制度の対象【書面も同様】	2018年4月以後終了事業年度の申告
その他	全税目	⑭	e-Tax受付時間の更なる拡大	2019年1月以後の申告
	法人税等	⑮	法人番号の入力による法人名称等の自動反映	2019年4月以後の申告
	法人税等	⑯	法人税及び地方法人二税の電子申告における共通入力事務の重複排除	2020年3月以後の申告

① イメージデータ（PDF形式）で送信された添付書類の紙原本の保存不要化

　第三者作成の添付書類等をイメージデータ（PDF形式）で送信した場合、その紙の原本については、税務署長等による確認が必要な場合に備えて5年間の保存が義務付けられていましたが、2018年4月以後に行う申請等からは、e-Taxの利便性向上を図る観点から、原本との同一性を担保するため一定の解像度及び階調を確保した上で、原本の保存が不要となりました。

　この解像度及び階調に関する具体的な要件としては、次のイ及びロを満たす必要があります。

〔要件〕

　イ　解像度が200dpi相当以上（25.4mm当たり200ドット以上）であること。

　ロ　赤色、緑色及び青色の階調がそれぞれ256階調以上（24ビットカラー）であること。

　上記の要件を満たした上で添付書類等をイメージデータ（PDF形式）で送信した場合には、当該添付書類等の原本の保存は不要となりますが、税法以外の法令又は社内ルールにおいて原本の保存が必要となる場合もありますので、廃棄時にはあらためて確認をした方がいいでしょう。

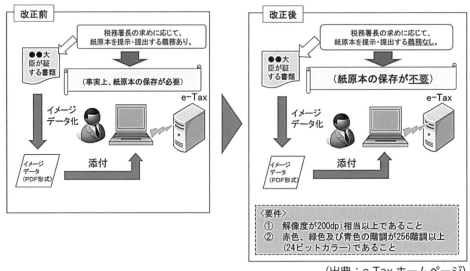

（出典：e-Taxホームページ）

～添付書類のイメージデータによる提出について～

　2016年4月以降（一部手続については2017年1月以降）、e-Taxで申告、申請・

届出等を行う場合、別途郵送等で書面により提出する必要がある添付書類について、書面による提出に代えて、イメージデータ（PDF形式）により提出することができるようになりました。

イメージデータとして送信できる添付書類は、出資関係図や登記事項証明書など様々ですが、法人税確定申告等手続における対象書類については、「イメージデータで提出可能な添付書類（図表6-3）」でご確認ください。

なお、「申告書」や「申請・届出書」及び「その他の添付書類」など法令上イメージデータによる提出が認められない書類をイメージデータで提出した場合には、その提出は効力を有しないこととなります。この場合、電子申告義務化後であれば、あらためてe-Taxによる電子データ（XML形式、XBRL形式又はCSV形式）での送信が必要となり、再送信した日が文書収受日となりますので、注意が必要です。たとえば、法人税確定申告手続の場合、申告書別表はもちろんのこと、電子データにより提出が可能な財務諸表や勘定科目内訳明細書といった添付書類は、イメージデータによる提出の対象とはなりません。

また、従来、書面による申告時に、参考資料として法人税申告書に添付していた書類で、法人税法等において提出義務の定めが無い書類（たとえば、銀行預金残高証明書や国税担当者への説明用に添付している各種資料等）については、法令上「イメージデータで提出可能な添付書類」には該当しないため、当該添付書類をイメージデータで提出した場合には有効な書類として取り扱われない可能性がありますので、これらの書類を提出する際には、事前に国税局の所掌部門や所轄税務署の法人課税部門等に確認ください。

図表6-2 イメージデータ（PDF形式）で提出する場合の主な要件

対象手続	申告手続	法人税、消費税（法人）、酒税、所得税、贈与税
	申請・届出等手続	源泉所得税、法人税、消費税、所得税、贈与税、相続税等
対象となる添付書類	法人税申告の場合、出資関係図や登記事項証明書など(注1)	
対象とならない書類	電子データ（XML形式又はXBRL形式）により提出が可能な添付書類等 ⇒　財務諸表、勘定科目内訳明細書等	
主な要件	データ形式	「PDF形式」…スキャナで読みった書類やデータ作成した書類をPDF形式に変換 （解像度200dpi以上、24ビットカラー、PWを設定せず目視により確認できること）
	送信方式	同時送信方式	申告等データとイメージデータを同時送信する方式（送信可能回数1回）
		追加送信方式	申告等データ送信後、イメージデータを追加送信する方式（送信可能回数10回）
	送信可能なファイル数・データ容量	ファイル数	最大136ファイル／回
		データ容量	最大8.0MB／回

注1　法人税確定申告等手続における対象書類ついては「イメージデータで提出可能な添付書類（219ページ）」をご確認ください。
注2　2018年4月以降、添付書類をイメージデータで提出した場合には原本の保存が不要となりました。
注3　イメージデータによる提出の対象とならない書類をイメージデータで送信した場合、その送信は効力を有しないこととなります。この場合、あらためてe-Taxによる電子データの送信等が必要となり、再送信等の日が文書収受日となります。

イメージデータで提出可能な添付書類（法人税確定申告等）

法人税確定申告等の手続において、イメージデータ（PDF形式）による提出が可能な主な添付書類は、次のとおりです。

なお、この一覧は、平成30年4月1日以後終了事業年度等分（平成30年6月1日現在の法令に基づくもの）に対応しています。

※添付書類をイメージデータで提出する場合の注意事項

勘定科目内訳明細書、財務諸表など、電子データ（XML形式又はXBRL形式）により提出が可能な添付書類については、イメージデータで提出することができません。

図表6-3　イメージデータで提出可能な添付書類（法人税確定申告等）

主な項目	根拠条文	添付書類の名称
確定申告書の添付書類	法法74、81の22、144の6	①出資関係図 ②合併契約書、分割契約書、分割計画書その他これらに類するものの写し
資産の評価益の益金不算入等	法法25、法令155の6	内国法人について再生計画認可の決定があったこと、当該決定があった旨を証する書類　など
資産の評価損の損金不算入等	法法33、法令155の6	内国法人について再生計画認可の決定があった旨を証する書類　など
寄附金の損金不算入	法法37、81の6	特定公益信託に係る主務大臣の証明に係る書類の写し
会社更生等による債務免除等があった場合の欠損金の損金算入	法法59、法令155の6	更生手続開始の決定があったことを証する書類　など
試験研究を行つた場合の法人税額の特別控除	措法42の4、68の9	租税特別措置法施行規則第20条第18項各号の認定に係る書類の写し　など
地方活力向上地域等において雇用者の数が増加した場合の法人税額の特別控除	措法42の12、68の15の2	法人の事業所の所在地を管轄する都道府県労働局又は公共職業安定所の長が当該法人に対して交付する雇用対策法施行規則附則第8条第3項に規定する雇用促進計画の達成状況を確認した旨を記載した書類の写し
特定中小企業者等が経営改善設備を取得した場合の特別償却又は法人税額の特別控除	措法42の12の3、68の15の4	認定経営革新等支援機関等による経営の改善に関する指導及び助言を受けたことを明らかにする書類
中小企業者等が特定経営力向上設備等を取得した場合の特別償却又は法人税額の特別控除	措法42の12の4、68の15の5	①中小企業等経営強化法第13条第1項の認定等に係る経営力向上計画の写し ②経営力向上計画に係る認定書の写し

主な項目	根拠条文	添付書類の名称
給与等の引上げ及び設備投資を行った場合等の法人税額の特別控除	措法42の12の5、68の15の6	①中小企業者等が受けた中小企業等経営強化法第13条第1項の認定(同法第14条第1項の規定による変更の認定を含みます。)に係る同法第13条第1項に規定する経営力向上計画の写し ②上記①の経営力向上計画に係る認定書の写し ③上記①の経営力向上計画(中小企業者等経営強化法第14条第1項の規定による変更の認定があったときは、その変更後のもの)に従って行われる同法第2条第10項に規定する経営力向上に係る事業の実施状況につき経済産業大臣に報告した内容が確認できる書類(その経営力向上が行われたことが経営力向上計画に記載された指標(経済産業大臣が認めるものに限ります。)の値により確認できるものに限ります。) ④教育訓練費の額及び比較教育訓練費の額又は中小企業比較教育訓練費の額に関する実施時期、内容、国内雇用者の氏名並びにその費用を支出した年月日、内容及び金額並びに相手先の氏名又は名称を記載した書類
特定地域における工業用機械等の特別償却	措法45、68の27	産業投資促進計画に記載された事項に適合するものであることにつき、当該産業投資促進計画を作成し、又は策定した市町村の長が確認した旨を証する書類
次世代育成支援対策に係る基準適合認定を受けた場合の次世代育成支援対策資産の割増償却	措法46の2、68の33	次世代育成支援対策推進法第13条の認定をした旨を証する書類の写し　など
企業主導型保育施設用資産の割増償却	措法47、68の34	新設又は増設に係る事業所内保育施設とともに幼児遊戯用構築物等の取得等をすること及びその事業所内保育施設につき子ども・子育て支援法第59条の2第1項の規定による助成を行う事業に係る助成金の交付を受けることが確認できる書類
特定都市再生建築物等の割増償却	措法47の2、68の35	①確認済証の写し ②検査済証の写し ③国土交通大臣の証する書類　など

主な項目	根拠条文	添付書類の名称
倉庫用建物等の割増償却	措法48	適用を受けようとする倉庫用の建物等が租税特別措置法第48条第1項に規定する倉庫用建物等に該当するものであることなどを証する書類
海外投資等損失準備金	措法55、68の43	経済産業大臣の認定に係る認定書の写し
新事業開拓事業者投資損失準備金	措法55の2、68の43の2	①投資事業有限責任組合に係る投資事業有限責任組合契約の契約書の写し ②実施状況報告書等の写し　など
特定事業再編投資損失準備金	措法55の3、68の43の3（平29改正前）	①特定会社の名称が記載された特定事業再編計画の写し ②当該特定事業再編計画に係る産業競争力強化法施行規則第18条第1項の認定書の写し
農業経営基盤強化準備金	措法61の2、68の64	認定計画に記載された農用地等の取得に充てるための金額である旨を証する書類など
農用地等を取得した場合の課税の特例	措法61の3、68の65	農林水産大臣の認定計画の定めるところにより取得又は製作若しくは建設をした農用地等である旨を証する書類　など
土地の譲渡等がある場合の特別税率	措法62の3、68の68	①買取証明書 ②収用証明書 ③認定事業者である旨を証する書類 ④宅地の用に供する旨を証する書類 ⑤認可したことを証する書類の写し　など
短期所有に係る土地の譲渡等がある場合の特別税率	措法63、68の69	①買取証明書 ②収用証明書 ③認定事業者である旨を証する書類　など
農地保有の合理化のために農地等を譲渡した場合の所得の特別控除	措法65の5、68の76	①市町村長の当該土地等の譲渡につき当該勧告をしたことを証する書類又は当該勧告に係る通知書の写し ②農業委員会の当該土地等の譲渡につき当該あっせんを行ったことを証する書類など
特定の資産の買換えの場合の課税の特例	措法65の7、68の78	市町村長等が発行する特定の地域内に所在する資産である旨を証する書類　など
特定の交換分合により土地等を取得した場合の課税の特例	措法65の10、68の81	①登記事項証明書 ②交換分合計画の写し　など

主な項目	根拠条文	添付書類の名称
大規模な住宅地等造成事業の施行区域内にある土地等の造成のための交換等の場合の課税の特例	措法65の11、68の82（平30改正前）	①登記事項証明書 ②開発許可通知書の写し　など
特定普通財産とその隣接する土地等の交換の場合の課税の特例	措法66、68の84	①登記事項証明書 ②交換の契約書の写し　など
内国法人に係る外国関係会社の課税対象金額等の益金算入	措法66の6、68の90	①外国関係会社の貸借対照表及び損益計算書 ②外国関係会社の株主資本変動計算書 ③外国関係会社の勘定科目内訳書 ④本店所在地国の法令により課される税に関する申告書で各事業年度に係るものの写し　など
特殊関係株主等である内国法人に係る外国関係法人の課税対象金額等の益金算入	措法66の9の2、68の93の2	①外国関係法人の貸借対照表及び損益計算書 ②外国関係法人の株主資本変動計算書 ③外国関係法人の勘定科目内訳書 ④本店所在地国の法令により課される税に関する申告書で各事業年度に係るものの写し　など
農地所有適格法人の肉用牛の売却に係る所得の課税の特例	措法67の3、68の101	免税対象飼育牛の売却が租税特別措置法第67条の3第1項各号に掲げる売却の方法により行われたこと及びその売却価額その他財務省令で定める事項を証する書類
転廃業助成金等に係る課税の特例	措法67の4、68の102	転廃業助成金等の交付をした者の当該交付に関する通知書その他これに準ずる書類又はその写し　など
復興産業集積区域等において機械等を取得した場合の特別償却又は法人税額の特別控除	震災特例法17の2、25の2	東日本大震災復興特別区域法第37条第1項に規定する認定地方公共団体が発行するその建築物整備事業の用に供する建物及びその附属設備に該当する旨を証する書類　など
被災者向け優良賃貸住宅の割増償却	震災特例法18の2、26の2	その賃貸が要件を満たすことを明らかにする書類　など

主な項目	根拠条文	添付書類の名称
被災市街地復興土地区画整理事業等のために土地等を譲渡した場合の所得の特別控除の特例等	震災特例法18の9、26の9	①国土交通大臣の当該被災市街地復興土地区画整理事業が同号に規定する減価補償金を交付すべきこととなる土地区画整理法による土地区画整理事業となることが確実であると認められる旨を証する書類 ②土地等の買取りをする者の当該土地等を買い取った旨を証する書類　など
予定申告	法法71①、81の19、144の3	被合併法人名、適格合併の日、被合併法人の事業年度又は連結事業年度、被合併法人の確定法人税額等を記載した別紙

※　法法…法人税法、法令…法人税法施行令、措法…租税特別措置法、震災特例法…東日本大震災の被災者等に係る国税関係法律の臨時特例に関する法律

② 土地収用証明書等の添付の省略（保存義務への転換）〔書面申告も同様〕

　租税特別措置法上の次の制度の適用を受ける場合には、法人税確定申告書等に収用証明書等の第三者作成書類を添付することとされていましたが、2018年4月以後終了事業年度の申告から当該書類を添付することに代えて保存することにより制度の適用が認められることとなりました。

　なお、この取扱いは電子申告が義務化されていない中小法人等が行う書面申告等の場合も同様です。

　イ　収用等に伴い代替資産を取得した場合の課税の特例
　ロ　収用等に伴い特別勘定を設けた場合の課税の特例
　ハ　換地処分等に伴い資産を取得した場合の課税の特例
　ニ　収用換地等の場合の所得の5,000万円特別控除
　ホ　特定土地区画整理事業等のために土地等を譲渡した場合の所得の2,000万円特別控除
　ヘ　特定住宅地造成事業等のために土地等を譲渡した場合の所得の1,500万円特別控除

＜対象となる添付書類＞

　収用等証明書、特定住宅地造成事業等のための土地等の買取り証明書、公共事業用資産の買取り等の申出証明書等

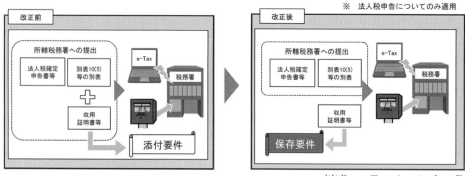

（出典：e-Tax ホームページ）

③　勘定科目内訳明細書の記載内容の簡素化〔書面申告も同様〕

　法人税確定申告書に添付する勘定科目内訳明細書については、その対象となる勘定科目の範囲や具体的な記載事項は法令解釈通達により定められています。

　預貯金、受取手形、売掛金など全16種類の内訳明細書（帳票）について、基本的には決算期末におけるすべての取引残高等を記載することとされていますが、従来から、記載量の多い受取手形や売掛金など7帳票については、一定金額以下のものについて記載を省略する取扱いが認められてきました。

　たとえば、「売掛金の内訳書」については、一取引先の金額が50万円以上のものについては個別に記入し、その他は一括して記入すればよいこととされていました。

　今回の見直しでは、2019年4月以後終了事業年度の申告から、勘定科目内訳明細書の一部の科目について、「イ　記載省略基準の柔軟化（件数基準の創設）」、「ロ　記載単位の柔軟化」、「ハ　記載項目の削減等の見直し」が行われることになりました。なお、この取扱いは、電子申告が義務化されていない中小法人等が行う書面申告の場合も同様です。

イ　記載省略基準の柔軟化（件数基準の創設）

　　記載量が多くなる傾向にある勘定科目（預貯金等の14帳票）を対象として、記載件数が100件を超える場合には、金額の多いものから上位100件のみを記入すればよいこととなりました。

ロ　記載単位の柔軟化

　　記載単位を取引等の相手先としている勘定科目（売掛金等の7帳票）を対象に、記載単位の柔軟化が図られました。具体的には、相手先毎の記載件数が

100件を超える場合に、自社の支店や事業所等ごとに集約した金額で記載することが可能となります。

ハ　記載項目の削減等

上記イ、ロのほか、以下の勘定科目について、記載項目の削除等が行われます。

・「仮払金」及び「仮受金」…「取引の内容」欄を「摘要」欄に変更し自由記載とする。

・「貸付金及び受取利息」及び「借入金及び支払利息」…「貸付理由（借入理由）」欄の削除。

・「棚卸資産」…「期末棚卸の方法」欄の削除。

・「売上高等の事業所別内訳」…「使用建物の延面積」欄の削除。

・「雑益、雑損失等」…土地売却損益の記載を不要とする（固定資産の内訳書との重複記載の排除）。

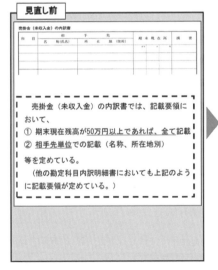

○ 勘定科目内訳明細書の記載内容の簡素化事項一覧

変更内容＼内訳書名	①預貯金等	②受取手形	③売掛金	④仮払金	⑤貸付金及び受取利息	⑥棚卸資産	⑦有価証券	⑧固定資産	⑨支払手形	⑩買掛金	⑪仮受金	⑫源泉所得税	⑬借入金及び支払利子	⑭土地の売上高等	⑮売上高等の事業所別	⑯役員給与等	⑰地代家賃等	⑱工業所有権等	⑲雑益・雑損失等
A 記載内容の見直し	◎	○	○	○	○	◎	○	◎	○	○	○	−	○	○	−	−	◎	◎	◎
B 記載単位の柔軟化	−	○	○	○	○	−	−	−	○	○	○	−	○	−	−	−	−	−	−
C 記載項目の削除等	−	−	−	○	○	○	−	○	−	−	○	−	−	−	○	−	−	−	○

〈変更内容の詳細〉
記載すべき件数が100件を超える場合には、A又はBの記載によることも可能とします。
A 記載内容の見直し
　記載量が多くなる傾向にある勘定科目を対象に、記載件数が100件を超える場合には、上位100件のみを記載する方法
　◎…新たに記載基準を設けるもの
　○…現行の金額基準に加えて新たに記載基準を設けるもの
B 記載単位の柔軟化
　記載単位を（取引等の）相手先としている勘定科目を対象に、自社の支店、事業所別等の合計金額を記載する方法
C 記載項目の削除等
　A、Bのほか、以下の項目について、記載項目の削除等を行う。
　「仮払金」及び「仮受金」……………………………「取引の内容」欄を「摘要」欄に変更し自由記載化。
　「貸付金及び受取利息」及び「借入金及び支払利子」…「貸付理由（借入理由）」欄の削除
　「棚卸資産」……………………………………………「期末棚卸の方法」欄の削除
　「売上高等の事業所別」………………………………「使用建物の延面積」欄の削除
　「雑益、雑損失」………………………………………「⑦固定資産」に記入している場合には、記載省略可能とする。

（出典：e-Tax ホームページ）

④⑤ 法人税申告書別表（明細記載部分）・勘定科目内訳明細書のデータ形式の柔軟化（CSV 形式）

⑥ 財務諸表のデータ形式の柔軟化（CSV 形式）

　従来から、法人税申告書等を電子的に提出するためには、電子申告で送信可能なデータ形式（XML 形式又は XBRL 形式）に変換して送信することが必要でした。

　たとえば、企業が税務申告ソフトや表計算ソフト等により作成した法人税申告書データを、国税庁が提供する無償の「e-Tax ソフト」や「市販の電子申告対応ソフト」を利用して XML 形式又は XBRL 形式に変換するか、「国税庁が指定する CSV フォーマット（2016年4月以降〜）」を活用して XML 形式又は XBRL 形式に変換することが必要でした。

　平成30年度税制改正では、e-Tax のさらなる利便性向上を図る観点から、
　イ　法人税申告書別表のうち「明細記載を要する部分」、
　ロ　勘定科目内訳明細書、
　ハ　財務諸表

について、国税庁が提供する標準フォーム（Excel形式）を利用して簡単に作成したCSV形式によりデータ提出が可能となる予定で、「イ　法人税申告書別表書のうち「明細記載を要する部分」」及び「ロ　勘定科目内訳明細書」については2019年4月以後の申告から、「ハ　財務諸表」については2020年4月以後の申告から利用可能となる予定です。

なお、法人税申告書別表の明細書のうちCSV形式による提出が認められる明細記載を要する部分というのは、たとえば、別表6（1）「所得税額の控除に関する明細書」のうち、控除対象となる配当等に係る銘柄名・収入金額・所得税額等の明細記載を要する部分などが対象となります。具体的に対象となる別表については、「CSV形式による提出が認められる明細記載を要する部分がある法人税申告書別表一覧（図表6-4）」を参照してください。

また、財務諸表については、標準フォームとあわせて、国税庁が勘定科目コードを策定・公表する予定で、その際には、有価証券報告書等の電子開示システム（EDINET）で使用されている約6,400の勘定科目ごとに勘定科目コードが策定・公表される予定です。

これが実現すれば、現在e-Taxソフトで作成できる財務諸表の勘定科目（約1,600科目）が約4倍に拡張されることになりますので、たとえば、「e-Taxで提出する財務諸表に自社が使用している勘定科目が存在しないため、仕方無く類似する勘定科目へ置き換えて財務諸表データを作成・送信し、会計監査や税務調査の際には実際に自社が使用している勘定科目で作成した財務諸表を提示している。」というような事例も解消されるでしょう。

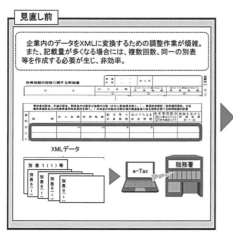

(出典：e-Tax ホームページ)

図表6-4　CSV形式による提出が認められる明細記載を要する部分がある法人税申告書別表一覧

項番	法人税法施行規則別表の番号	書式の名称
1	別表六（一）	所得税額の控除に関する明細書
2	別表六（四）	控除対象外国法人税額又は個別控除対象外国法人税額に関する明細書
3	別表六（五）	利子等に係る控除対象外国法人税額又は個別控除対象外国法人税額等に関する明細書
4	別表六（八）	特別試験研究費に係る法人税額の特別控除に関する明細書
5	別表六（十一）	エネルギー環境負荷低減推進設備等を取得した場合の法人税額の特別控除に関する明細書
6	別表六（十三）	中小企業者等が機械等を取得した場合の法人税額の特別控除に関する明細書
7	別表六（十四）	沖縄の特定地域において工業用機械等を取得した場合の法人税額の特別控除に関する明細書
8	別表六（十八）	地方活力向上地域等において特定建物等を取得した場合の法人税額の特別控除に関する明細書
9	別表六（二十）	認定地方公共団体の寄附活用事業に関連する寄附をした場合の法人税額の特別控除に関する明細書
10	別表六（二十一）	特定中小企業者等が経営改善設備を取得した場合の法人税額の特別控除に関する明細書
11	別表六（二十二）	中小企業者等が特定経営力向上設備等を取得した場合の法人税額の特別控除に関する明細書

項番	法人税法施行規則別表の番号	書式の名称
12	別表六（二十六）	復興産業集積区域等において機械等を取得した場合の法人税額の特別控除、企業立地促進区域において機械等を取得した場合の法人税額の特別控除又は避難解除区域等において機械等を取得した場合の法人税額の特別控除に関する明細書
13	別表六（三十一）	リース資産の使用状況等に関する明細書
14	別表六の二（一）	連結事業年度における所得税額の控除に関する明細書
15	別表六の二（五）付表	各連結法人の当期控除額の個別帰属額に関する明細書
16	別表六の二（十）付表	機械等の取得価額に関する明細書
17	別表六の二（十四）付表	特定事業用機械等の取得価額に関する明細書
18	別表六の二（十七）	認定地方公共団体の寄附活用事業に関連する寄附をした場合の法人税額の特別控除に関する明細書
19	別表六の二（十九）付表	特定経営力向上設備等の取得価額に関する明細書
20	別表六の二（二十三）付表	機械等の取得価額に関する明細書
21	別表七の二付表二	連結欠損金当期控除前の連結欠損金個別帰属額の調整計算に関する明細書
22	別表八（一）	受取配当等の益金不算入に関する明細書
23	別表八（二）	外国子会社から受ける配当等の益金不算入等に関する明細書
24	別表八の二	連結事業年度における受取配当等の益金不算入に関する明細書
25	別表八の二付表	連結事業年度における受取配当等の益金不算入の個別帰属額の計算に関する明細書
26	別表十（六）	社会保険診療報酬に係る損金算入、農地所有適格法人の肉用牛の売却に係る所得又は連結所得の特別控除及び特定の基金に対する負担金等の損金算入に関する明細書
27	別表十（八）付表	配当可能利益の額の計算に関する明細書
28	別表十一（一）	個別評価金銭債権に係る貸倒引当金の損金算入に関する明細書
29	別表十一（一の二）	一括評価金銭債権に係る貸倒引当金の損金算入に関する明細書
30	別表十二（十三）	特別修繕準備金の損金算入に関する明細書
31	別表十二（十四）	農業経営基盤強化準備金の損金算入及び認定計画等に定めるところに従い取得した農用地等の圧縮額の損金算入に関する明細書

項番	法人税法施行規則別表の番号	書式の名称
32	別表十三（五）	特定の資産の買換えにより取得した資産の圧縮額等の損金算入に関する明細書
33	別表十三（八）	平成二十一年及び平成二十二年に先行取得をした土地等の圧縮額の損金算入に関する明細書
34	別表十四（一）	民事再生等評価換えによる資産の評価損益に関する明細書
35	別表十四（二）	寄附金の損金算入に関する明細書
36	別表十四（二）付表	公益社団法人又は公益財団法人の寄附金の公益法人特別限度額の計算に関する明細書
37	別表十四（四）	新株予約権に関する明細書
38	別表十四（五）	完全支配関係がある法人の間の取引の損益の調整に関する明細書
39	別表十四の二	連結事業年度における寄附金の損金算入に関する明細書
40	別表十六（七）	少額減価償却資産の取得価額の損金算入の特例に関する明細書
41	別表十六（九）	特別償却準備金の損金算入に関する明細書
42	別表十七（一）付表	国外支配株主等及び特定債券現先取引等に関する明細書
43	別表十七（二の二）付表一	関連者支払利子等の額の合計額の計算に関する明細書
44	別表十七（二の二）付表二	控除対象受取利子等合計額の計算に関する明細書
45	別表十七（二の三）	超過利子額の損金算入に関する明細書
46	別表十七（四）	国外関連者に関する明細書

【CSV形式への変換方法（イメージ図）】

　「財務諸表」のフォーマットに先行して、「法人税申告書別表（明細記載部分）」及び「勘定科目内訳明細書」のCSV変換フォーマット（エクセル形式）が、2018年12月にe-Taxホームページで公開されました。

　これにより、たとえば従来は、下図イのようにe-Tax対応ソフトで作成し、XML形式で送信していた勘定科目内訳明細書等について、2019年4月以後の申告からは、下図ロのようなフォーマットに入力、または会社が作成したデータをフォーマットにコピー＆ペーストして、下図ハのようにCSV形式（カンマ区切り）で保存したデータを、e-Tax対応ソフトに取り込んで送信することが可能となりました。

イ 「売掛金（未収入金）の内訳書」様式

売掛金（未収入金）の内訳書 ③

科目	相手先		期末現在高	摘要
	名称（氏名）	所在地（住所）		
売掛金	㈱第1商事	東京都千代田区霞が関1	100,000,000 円	
売掛金	㈱第2商事	東京都千代田区霞が関2	99,000,000	
売掛金	㈱第3商事	東京都千代田区霞が関3	98,000,000	
売掛金	㈱第99商事	東京都千代田区霞が関99	2,000,000	
売掛金	㈱第100商事	東京都千代田区霞が関100	1,000,000	
売掛金	その他	123件合計	25,000,000	
計			5,075,000,000	

ロ CSV変換フォーマット（エクセル形式）

1	2	3	4	5	6	7
フォーマット区分【必須】	行区分【必須】	科目	相手先		期末現在高	摘要
			名称（氏名）	所在地（住所）		
3	0	売掛金	㈱第1商事	東京都千代田区霞が関1	100000000	
3	0	売掛金	㈱第2商事	東京都千代田区霞が関2	99000000	
3	0	売掛金	㈱第3商事	東京都千代田区霞が関3	98000000	
3	0	売掛金	㈱第99商事	東京都千代田区霞が関99	2000000	
3	0	売掛金	㈱第100商事	東京都千代田区霞が関100	1000000	
3	0	売掛金	その他	123件合計	25000000	
3	1				5075000000	

ハ CSV形式変換後の「売掛金（未収入金）の内訳書」データ

```
3,0,売掛金,㈱第1商事,東京都千代田区霞が関1,100000000,
3,0,売掛金,㈱第2商事,東京都千代田区霞が関2,99000000,
3,0,売掛金,㈱第3商事,東京都千代田区霞が関3,98000000,

3,0,売掛金,㈱第99商事,東京都千代田区霞が関99,2000000,
3,0,売掛金,㈱第100商事,東京都千代田区霞が関100,1000000,
3,0,売掛金,その他,123件合計,25000000,
3,1,,,,5075000000,
```

⑦　e-Taxの送信容量の拡大

　e-Taxシステムへのデータ送信容量については、2019年1月以後の申告から、送信1回当たり、申告書についてはXML形式で現状（10メガバイト）の2倍となる20メガバイト（約5,000枚）、添付書類についてはイメージデータ（PDF形

式）で現状（1.5メガバイト）の５倍以上となる８メガバイト（約100枚）の送信が可能となりました。

　また、イメージデータ（PDF形式）の送信可能回数については、申告書データと同時に送信する「同時送信方式」に加えて、申告書データを送信した後に追加で送信する「追加送信方式」が最大10回まで可能となっているため、２つの方式を併用すれば最大11回まで送信が可能です。したがって、添付書類をイメージデータ（PDF形式）で送信する場合には、１回当たりの送信容量となる８メガバイト×11回で最大88メガバイトの送信が可能ということになります。

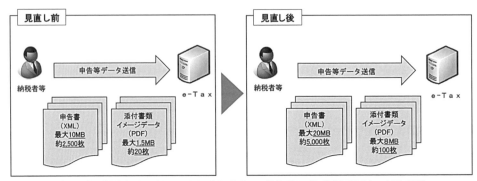

（出典：e-Taxホームページ）

⑧　添付書類の提出方法の拡充（光ディスク等による提出）

　e-Taxにより法人税申告を行う場合には、他税目に比して添付書類等が大容量となるケースがあることから、2020年４月以後の申告から、当該添付書類等を光ディスク、磁気テープ又は磁気ディスク（光ディスク等）により提出することが可能になりました。

　具体的に、光ディスク等による提出が可能となる添付書類等とは、

イ　CSV形式で提出できる添付書類等

　　（「法人税申告書別表の明細記載を要する部分」、「財務諸表」及び「勘定科目内訳明細書」）

ロ　PDF形式で提出できる添付書類等

　　（自己又は第三者が作成した添付書類でイメージデータによる提出が認められるもの）

が対象となります。

　したがって、法人税申告書の別表そのものを光ディスク等に格納して提出する

ことは認められません。

　なお、光ディスク等により添付書類等のデータ提出が認められるのは、原則として、当該添付書類等が大容量でe-Taxで送信できないような場合に限られます。

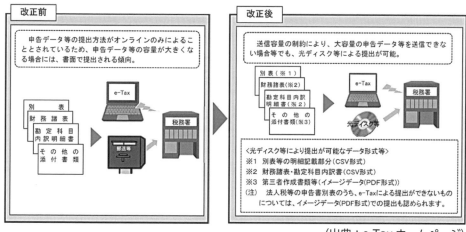

(出典：e-Tax ホームページ)

⑨　連結納税の承認申請関係書類の提出先の一元化〔書面申告も同様〕

　2019年4月以後の連結グループへの加入・離脱等から、「イ　連結納税の承認の申請書を提出した旨の届出書」、「ロ　完全支配関係を有することとなった旨を記載した書類」、「ハ　連結完全支配関係等を有しなくなった旨を記載した書類」について、連結子法人となる法人又は連結子法人による提出が不要となります。

　なお、この取扱いは電子申告が義務化されていない中小法人等が行う書面申告等の場合も同様です。

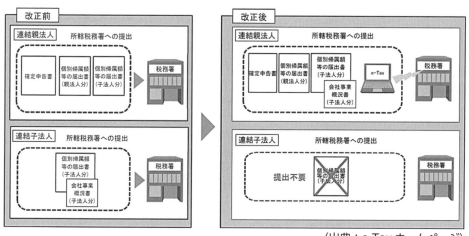

(出典：e-Tax ホームページ)

⑩ 連結法人に係る個別帰属額等の届出書の提出先の一元化

　2020年4月以後終了事業年度の申告から、連結法人の個別帰属額等の届出について、連結親法人が連結子法人の個別帰属額等をe-Taxを使用する方法又は当該個別帰属額等を記録した光ディスク等を提出する方法により当該連結親法人の納税地の所轄税務署長に提出した場合には、連結子法人が当該個別帰属額等を記載した書類を当該連結子法人の本店等の所轄税務署長に提出したものとみなし、連結子法人による提出が不要となります（23ページ参照）。

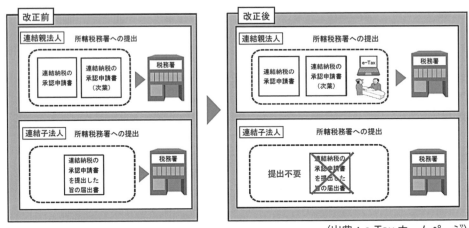

（出典：e-Tax ホームページ）

⑪ 財務諸表の提出先の一元化

　法人税申告書や法人事業税申告書（外形標準課税対象法人[1]に限ります）を提出する際に、それぞれの申告データに添付して提出する必要がある財務諸表について、2020年4月以後終了事業年度の申告からは、e-Taxシステムへ法人税申告書データを送信する際に財務諸表データを添付して提出すれば、eLTAXシステムへ法人事業税申告書データを送信する際には当該データを添付して提出する必要が無くなります。

---

[1] 外形標準課税の対象となるのは、事業年度終了の日現在において資本金の額又は出資金の額が1億円を超える法人で、公共法人等、特別法人、人格のない社団等、みなし課税法人、投資法人、特定目的会社、一般社団法人及び一般財団法人は除きます（地方税法72条の2）。

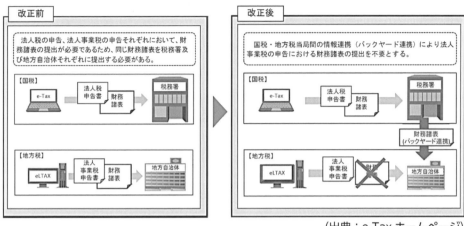

(出典：e-Tax ホームページ)

⑫　法人代表者等の電子署名について、法人の代表者から委任を受けた当該法人の役員・社員の電子署名によることが可能に

⑬　法人税等の代表者及び経理責任者の自署押印制度を廃止し、代表者のみの記名押印制度へ変更

　平成30年度の税制改正前は、法人税等の書面申告書については、法人税法第151条の規定により、代表者及び経理責任者の自署・押印が必要とされ、電子申告についても、オンライン化省令第5条等により、原則として、代表者及び経理責任者の電子証明書で申告等データに電子署名を付与して送信することが必要でしたが、例えば、株主総会の決議等により法人代表者に変更があった場合、申告期限までに新代表者の電子証明書の取得が間に合わず、そのために電子申告できずに書面で申告書を提出するという事例も見受けられました。

　このような状況を踏まえて、2018年4月以後の申請等からは、e-Tax による申告等データの送信について、法人代表者からあらかじめ委任を受けた当該法人の役員又は社員の電子署名等を付与して送信する場合には、当該代表者の電子署名等は不要とされました。ただし、この場合、適正な運用を担保するため、当該代表者から委任を受けたことを証する電子委任状[2]を申告等データに添付して送信する必要があります。

　なお、法人税等の書面申告書における経理責任者の自署・押印制度が廃止されたことに伴い、電子申告における経理責任者の電子署名等についても不要となりました。

236　第6章　利便性向上のための各種施策

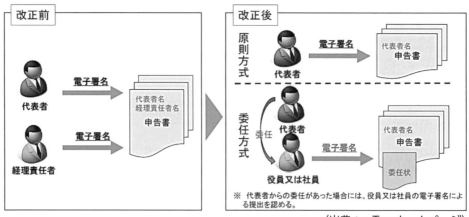

(出典：e-Tax ホームページ)

～電子申告における電子委任状の取り扱いについて～
【国税（e-Tax）の場合】
　電子委任状について、国税庁は e-Tax ホームページで「平成30年度税制改正に伴い実施する e-Tax の利便性向上施策について（4 代表者から委任を受けた役員又は社員の電子署名による電子申告）」という説明文を掲載しています。
（内容）
　これまで法人が申告・申請等を電子送信する際に、代表者の電子署名が必要でしたが、電子署名を役員又は従業員に委任した旨の電子委任状を添付いただくことで、代表者の電子署名を省略し、委任を受けた者（当該法人の役員及び職員に限る。）の電子署名により送信いただけることとなりました。法人の代表者の電子署名を省略するためには、次のような手順で電子委任状を作成し、申告・申請等に添付して送信する必要があります。

2　総務省及び経済産業省は2018年1月1日に「電子委任状の普及の促進に関する法律（平成29年法律第64号）」を施行し、代表者が電子契約や電子申請の権限を実務担当者に委任したことを電子委任状で証明できるようにしました。これにより「委任された権限が記録された電子委任状の機能を有する電子証明書」を取得した実務担当者が、代表者に代わって電子契約や電子申請をできるようになるので、デジタル化による生産性向上が期待されています。
　電子委任状は、電子申告等の都度、申告等データに添付して提出する必要がありますが、例えば、委任期間を代表者任期中など長期間で指定して作成しておけば、申告等の都度、代表者の電子署名を付与するという手間がなくなります。

○委任する内容を記載した任意の形式の委任状（PDF形式）を作成し、代表者の電子証明書により電子署名を付与する。
○e-Taxに、代表者から委任を受けた者の電子証明書を登録（既に法人の代表者の電子証明書を登録している場合は変更）
○送信する申告・申請等データに、代表者の電子署名が付与された委任状データ（PDF形式）をイメージデータとして添付するとともに、委任を受けた者の電子証明書により電子署名を付与して送信する。

【地方税（eLTAX）の場合】

　一方、一般社団法人地方税電子化協議会はeLTAXホームページで「平成30年4月23日付地電協第34号」により「法人の代表者から委任を受けた者の署名緩和について」という周知文書を掲載しています。
（内容）
　これまで電子情報処理組織（eLTAX）により法人が行う申請等については、代表者の電子署名が必要でしたが、当該法人の代表者から委任を受けた者（当該法人の役員及び職員に限る。）の電子署名及びその電子署名に係る電子証明書を送信することにより、当該代表者の電子署名及び電子証明書を要しないこととなりました。eLTAXで代表者の電子署名を省略するためには、次のような手順で受任者の電子署名により申告・申請等を行う必要があります。
1　任意のフォーマットに必要な項目を記入して作成した委任状に、代表社員を押印の上、PDF形式にする。（委任状への電子署名の付与は必須ではない。）
2　eLTAXに、受任者の電子証明書を登録する。（既に法人の代表者の電子証明書を登録している場合は、受任者の電子証明書へ変更をする。）
3　申告・申請等データに、1で作成した委任状を添付するとともに、受任者の電子証明書により電子署名を付与して送信する。

【e-TaxとeLTAXにおける電子委任状の取扱いの違い】

　以上のように、現状、e-Taxの場合には電子委任状への代表者の電子署名が必須とされているのに対し、eLTAXの場合には任意とされているため、企業担当者としては対応に苦慮するところです。
　しかしながら、平成30年6月末に民間企業2社（セコムトラストシステムズ株

式会社及び株式会社エヌ・ティ・ティネオメイト)が総務省及び経済産業省から「電子委任状取扱業務」の認定を取得しており、この電子委任状は、代表者からの委任内容をあらかじめ受任者の電子証明書の中に記録しておく「電子証明書方式」と呼ばれるタイプですので、今後、当該方式がe-TaxとeLTAX双方に採用されることになれば、申告等データに当該電子証明書で電子署名を付与するだけで送信することができ、別途電子委任状を作成して代表者の電子署名をもらう必要も無くなり、問題点は解消されるでしょう。

⑭ e-Tax受付時間の更なる拡大

e-Taxシステムにログインして申告等データを送信したり、メッセージボックスを確認したりすることができる時間帯(「e-Taxの受付時間」)については、サービス開始以降、順次拡大が図られてきました。

たとえば、2009年1月以降は確定申告期間中(1月中旬から3月中旬)の「24時間受付」が始まり、2013年8月以降は、8時30分〜21時00分までだった平日(月曜日〜金曜日)の受付時間が8時30分〜24時00分までに延長されました。また、2016年5月からは、法人税申告書の提出件数が多い5月、8月、11月の最終土日にe-Taxの受付がスタートしました。

さらに、今回の見直しにより、2019年1月以降は、これまで確定申告期間中のみに行われていた「24時間受付」が平日(月曜日〜金曜日)すべてに拡大されるとともに、土日についても、特定月の最終土日のみの受付が毎月の最終土日の受付(8時30分〜24時00分)へと拡大されました。

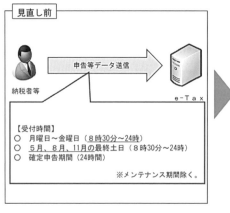
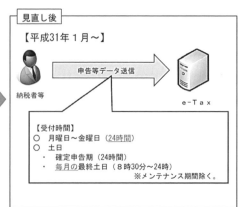

(出典:e-Taxホームページ)

⑮ 法人番号の入力による法人名称等の自動反映

　本来、e-Tax ソフトで申告データ作成時に基本情報として入力する必要がある自社の法人名及び本店所在地、また、一部の勘定科目内訳明細書に入力する必要がある取引相手先等の法人名及び本店所在地について、2019年4月以後の申告からは、「法人番号」を入力することにより国税庁の「法人番号公表サイト」から最新情報を取得して自動反映することができる機能が e-Tax ソフトに実装される予定です。

　この場合に、勘定科目内訳明細書に入力する各取引相手先等の「法人番号」については、取引当初は「法人番号公表サイト」において確認して入力を行う必要がありますが、翌年度以降は既存取引先等の法人名及び本店所在地の情報をメンテナンスする必要がなくなるため、効率的な入力が図られます。

　また、勘定科目内訳明細書に記載された各取引相手先の債権債務等残高については、提出先税務署において手入力で資料化されることになりますが、法人番号が入力されてデータ送信されることにより、資料収集の自動化・資料内容の高精度化が図られ、行政側にとっても大きなメリットがあります。

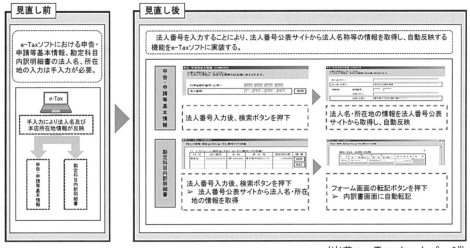

(出典：e-Tax ホームページ)

⑯ 法人税及び地方法人二税の電子申告における共通入力事務の重複排除

　国税庁は総務省と連携して、「e-Tax ソフト」と「eLTAX ソフト（PCdesk）」の仕様を共通化し、法人税申告情報等のエクスポート機能やインポート機能等を実装し、法人税及び地方法人二税（法人住民税及び法人事業税）の電子申告にお

ける共通記載事項の重複入力排除に向けて取り組んでいて、2020年3月以後の申告から利用可能となる予定です。

　なお、共通記載事項の重複入力排除については、市販ソフトでは既に実装されているものが多いので、「e-Tax ソフト」や「eLTAX ソフト（PCdesk）」の機能改善を待たずに「市販ソフト」を導入することにより、余裕を持ったスケジュール感で義務化に対応することができるでしょう。

　また、法人税及び地方法人二税については申告データの提出先の一元化についても検討が進められていますが、こちらについては民間ソフトベンダーにおいても今後の対応となります。

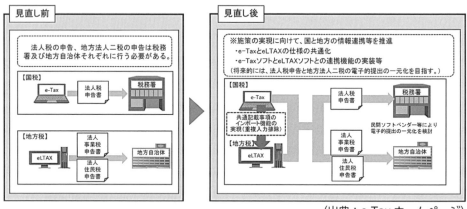

（出典：e-Tax ホームページ）

第7章
参考資料

1 平成30年度税制改正大綱（抄）

六　納税環境整備

1　申告手続の電子化促進のための環境整備

（国　税）
 (1) 法人税等の申告書の電子情報処理組織による提出義務の創設（再掲）
　①　大法人の法人税及び地方法人税の確定申告書、中間申告書及び修正申告書の提出については、これらの申告書に記載すべきものとされる事項を電子情報処理組織を使用する方法（e-Tax）により提供しなければならないこととする。
　　（注）　上記の「大法人」とは、内国法人のうち事業年度開始の時において資本金の額又は出資金の額が1億円を超える法人並びに相互会社、投資法人及び特定目的会社をいう。
　②　上記①の大法人の上記①の申告書の添付書類の提出については、当該添付書類に記載すべきものとされ、若しくは記載されている事項を電子情報処理組織を使用する方法又は当該事項を記録した光ディスク等を提出する方法により提供しなければならないこととする。
　③　上記①の大法人が、電気通信回線の故障、災害その他の理由により電子情報処理組織を使用することが困難であると認められる場合において、書面により申告書を提出することができると認められるときは、納税地の所轄税務署長の承認を受けて、上記①の申告書及び上記②の添付書類を書面により提出できることとする。
 (2) 消費税の申告書の電子情報処理組織による提出義務の創設（再掲）
　①　大法人の消費税の確定申告書、中間申告書、修正申告書及び還付申告書の提出については、これらの申告書に記載すべきものとされる事項を電子情報処理組織を使用する方法により提供しなければならないこととする。
　　（注）　上記の「大法人」とは、内国法人のうち事業年度開始の時において資本金の額又は出資金等の額が1億円を超える法人並びに相互会社、投資法人、特定目的会社、国及び地方公共団体をいう。
　②　上記①の大法人の上記①の申告書の添付書類の提出については、当該添付書類に記載すべきものとされ、又は記載されている事項を電子情報処理組織を使用する方法により提供しなければならないこととする。
　③　上記①の大法人が、電気通信回線の故障、災害その他の理由により電子情報処理組織を使用することが困難であると認められる場合において、書面により申告書を提出することができると認められるときは、納税地の所轄税務署長の承認を受けて、上記①の申告書及び上記②の添付書類を書面により提出できることとする。
　（注1）　上記(1)の改正は、平成32年4月1日以後に開始する事業年度について、上記(2)の改正は、同日以後に開始する課税期間について、それぞれ適用する。
　（注2）　上記(1)③及び(2)③以外の理由により電子申告がなされない場合には無申告として取り扱うこととする。
　　　　　　ただし、現在の運用上の取扱いを踏まえ、期限内に申告書の主要な部分が電子的に提出されていれば無申告加算税は課さない取扱いとする。申告書の主要な部分以外の書類の電子提出の確保策については、施行後の電子的な提出状況等を踏まえ、そのあり方を検討する。
 (3) その他電子化促進のための環境整備
　①　法人税の次の制度の適用を受ける場合に確定申告書等に添付することとされている第三者作成書類については、添付することに代えて保存することにより次の制度の適用を認めることとする。（再掲）
　　イ　収用等に伴い代替資産を取得した場合の課税の特例

ロ　収用等に伴い特別勘定を設けた場合の課税の特例
　　ハ　換地処分等に伴い資産を取得した場合の課税の特例
　　ニ　収用換地等の場合の所得の5,000万円特別控除
　　ホ　特定土地区画整理事業等のために土地等を譲渡した場合の所得の2,000万円特別控除
　　ヘ　特定住宅地造成事業等のために土地等を譲渡した場合の所得の1,500万円特別控除
　②　電子情報処理組織による申請等と併せてスキャナ等により作成して電磁的記録（いわゆる「イメージデータ」）を送信する添付書面等について、一定の解像度及び階調の要件を付した上で、税務署長による当該添付書面等の提示等を求める措置を廃止することとする。
　③　法人（上記(1)①の大法人を除く。）の法人税及び地方法人税の確定申告書、中間申告書及び修正申告書の添付書類の提出については、当該添付書類に記載すべきものとされ、又は記載されている事項を記録した光ディスク等を提出する方法により提供することができることとする。
　　（注）　上記の改正は、平成32年4月1日から施行する。
　④　連結子法人の個別帰属額等の届出について、次の見直しを行う。（再掲）
　　イ　連結親法人が連結子法人の個別帰属額等を電子情報処理組織を使用する方法又は当該個別帰属額等を記録した光ディスク等を提出する方法により当該連結親法人の納税地の所轄税務署長に提供した場合には、連結子法人が当該個別帰属額等を記載した書類を当該連結子法人の本店等の所轄税務署長に提出したものとみなす。
　　　（注）　上記の改正は、平成32年4月1日以後に終了する連結事業年度について適用する。
　　ロ　更正の場合の個別帰属額等の異動の届出を不要とする。
　　　（注）　上記の改正は、平成32年4月1日以後の個別帰属額等の異動について適用する。
　⑤　次の書類について、連結子法人となる法人又は連結子法人による提出を不要とする。（再掲）
　　イ　連結納税の承認の申請書を提出した旨の届出書
　　ロ　完全支配関係を有することとなった旨を記載した書類
　　ハ　連結完全支配関係等を有しなくなった旨を記載した書類
　　（注）　上記の改正は、平成31年4月1日以後に生じた事実について適用する。
　⑥　法人税、地方法人税及び復興特別法人税の申告書における代表者及び経理責任者等の自署押印制度を廃止する。（再掲）
　⑦　電子情報処理組織により法人が行う申請等について、当該法人の代表者から委任を受けた者（当該法人の役員及び職員に限る。）の電子署名及びその電子署名に係る電子証明書を送信する場合には、当該代表者の電子署名及び電子証明書の送信を要しないこととする。
　⑧　その他法人税及び地方法人税の申告手続について、別表（明細記載を要する部分に限る。）、財務諸表及び勘定科目内訳明細書に係るデータ形式の柔軟化、勘定科目内訳明細書の記載内容の簡素化等を図ることと合わせ、電子情報処理組織の送信容量の拡大など運用上の対応を行うこととするほか、所要の措置を講ずる。
(地方税)
(1)　法人住民税及び法人事業税の申告の電子情報処理組織による提出義務の創設（再掲）
　①　大法人の法人住民税及び法人事業税の確定申告書、中間申告書及び修正申告書の提出については、これらの申告書に記載すべきものとされる事項を電子情報処理組織を使用する方法（eLTAX）により提供しなければならないこととする。
　　（注）　上記の「大法人」とは、内国法人のうち事業年度開始の時において資本金の額又

は出資金の額が1億円を超える法人並びに相互会社、投資法人及び特定目的会社をいう。
　②　上記①の大法人の上記①の申告書の添付書類の提出については、当該添付書類に記載すべきものとされ、又は記載されている事項を電子情報処理組織を使用する方法により提供しなければならないこととする。
（注1）　上記の改正は、平成32年4月1日以後に開始する事業年度について適用する。
（注2）　電子申告がなされない場合には不申告として取り扱うこととする。
（備考）　上記①の大法人の上記②の添付書類の提出方法の柔軟化及び電気通信回線の故障、災害その他の理由により電子情報処理組織を使用することが困難であると認められる場合の宥恕措置について、国税における措置等を踏まえ、検討する。
(2)　消費税の申告書の電子情報処理組織による提出義務の創設に伴い、地方消費税について所要の措置を講ずる。（再掲）
（注）　上記の改正は、平成32年4月1日以後に開始する課税期間について適用する。
(3)　その他電子化促進のための環境整備
　①　外形標準課税対象法人又は収入金額課税法人が法人税の確定申告書又は中間申告書の提出を電子情報処理組織（e-Tax）を使用して行い、かつ、これらの申告書に貸借対照表及び損益計算書の添付がある場合には、法人事業税の確定申告又は中間申告において、これらの書類の添付があったものとみなすこととする。（再掲）
（注）　上記の改正は、平成32年4月1日から施行する。
　②　法人事業税、地方法人特別税及び鉱産税の申告書における代表者及び経理責任者等の自署押印制度を廃止する。
　③　電子情報処理組織（eLTAX）により法人が行う申請等について、当該法人の代表者から委任を受けた者（当該法人の役員及び職員に限る。）の電子署名及びその電子署名に係る電子証明書を送信する場合には、当該代表者の電子署名及び電子証明書の送信を要しないこととする。
　④　その他所要の措置を講ずる。
（備考）　法人（上記(1)①の大法人を除く。）の法人住民税及び法人事業税の確定申告書、中間申告書及び修正申告書の添付書類の提出方法の柔軟化について、国税における措置等を踏まえ、検討する。
2　年末調整手続の電子化（再掲）
（国　税）
　生命保険料控除、地震保険料控除及び住宅借入金等を有する場合の所得税額の特別控除に係る年末調整手続について、次の措置を講ずる。
(1)　給与等の支払を受ける者で年末調整の際に生命保険料控除又は地震保険料控除の適用を受けようとするものは、給与所得者の保険料控除申告書に記載すべき事項を電磁的方法により提供する場合には、控除証明書の書面による提出又は提示に代えて、当該控除証明書に記載すべき事項が記録された情報で当該控除証明書の発行者の電子署名及びその電子署名に係る電子証明書が付されたものを、当該申告書に記載すべき事項と併せて電磁的方法により提供することができることとする。この場合において、当該給与等の支払を受ける者は、当該控除証明書を提出し、又は提示したものとみなす。
（注）　上記の改正は、平成32年10月1日以後に提出する給与所得者の保険料控除申告書について適用する。
(2)　給与等の支払を受ける者で年末調整の際に住宅借入金等を有する場合の所得税額の特別控除（以下「住宅ローン控除」という。）の適用を受けようとするものは、税務署長の承認を受けている給与等の支払者に対し、給与所得者の住宅借入金等を有する場合の所得税額の特別控除申告書（以下「住宅ローン控除申告書」という。）の書面による提出に代えて、当該住宅ローン控除申告書に記載すべき事項を電磁的方法により提供することができ

ることとする。この場合において、当該給与等の支払を受ける者は、当該住宅ローン控除申告書を提出したものとみなす。
　　　（注）　上記の改正は、税務署長の承認を受けている給与等の支払をする者に対し、平成32年10月１日以後に提出する住宅ローン控除申告書について適用する。
　⑶　給与等の支払を受ける者で年末調整の際に住宅ローン控除の適用を受けようとするもの（居住年が平成31年以後である者に限る。）は、住宅ローン控除申告書に記載すべき事項を電磁的方法により提供する場合には、住宅借入金等を有する場合の所得税額の特別控除証明書（以下「住宅ローン控除証明書」という。）又は住宅取得資金に係る借入金の年末残高証明書（以下「年末残高証明書」という。）の書面による提出に代えて、当該住宅ローン控除証明書又は年末残高証明書に記載すべき事項が記録された情報で当該住宅ローン控除証明書又は年末残高証明書の発行者の電子署名及びその電子署名に係る電子証明書が付されたものを、当該住宅ローン控除申告書に記載すべき事項と併せて電磁的方法により提供することができることとする。この場合において、当該給与等の支払を受ける者は、当該住宅ローン控除証明書又は年末残高証明書を提出したものとみなす。
　　　（注）　上記の改正は、平成32年10月１日以後に提出する住宅ローン控除申告書について適用する。
　⑷　上記⑵及び⑶の改正に伴い、年末残高証明書に記載すべき事項の電磁的方法による交付を可能とする等の所要の措置を講ずる。
　　　（注）　上記の改正は、平成32年10月１日以後に交付する年末残高証明書について適用する。
　⑸　住宅ローン控除の適用を受ける際に住宅ローン控除申告書等に添付すべき住宅ローン控除証明書又は年末残高証明書の範囲に、当該住宅ローン控除証明書又は年末残高証明書の発行者から電磁的方法により提供を受けた当該住宅ローン控除証明書又は年末残高証明書に記載すべき事項が記録された電磁的記録を一定の方法により印刷した書面で、真正性を担保するための所要の措置が講じられているものとして国税庁長官が定めるものを加える。
　　　（注）　上記の改正は、平成32年10月１日以後に提出する住宅ローン控除申告書等について適用する。
（地方税）
　　　個人住民税について、生命保険料控除、地震保険料控除及び住宅借入金等を有する場合の所得税額の特別控除に係る年末調整手続の電子化に関する国税の取扱いに準じて所要の措置を講ずる。
　　　（注）　上記の改正は、平成33年度分以後の個人住民税について適用する。
３　共通電子納税システム（共同収納）の導入
　　一定の地方税について、納税義務者等がeLTAX（地方税のオンライン手続のためのシステム）の運営主体が運営する共通電子納税システムを利用して納付又は納入を行う場合、その収納の事務については、eLTAXの運営主体及び金融機関に行わせるものとし、これらの税は金融機関からeLTAXの運営主体を経由して地方公共団体に払い込まれるものとする。
　（注１）　対象税目は、平成31年10月１日時点においては、個人住民税（給与所得又は退職所得に係る特別徴収分）、法人住民税、法人事業税及び事業所税（これらの税と併せて納付又は納入することとされている税を含む。）とし、実務上対応が可能となった段階で順次、税目の拡大を措置する。
　（注２）　上記の改正は、平成31年10月１日から適用する。
４　eLTAXの安全かつ安定的な運営のための措置
　　eLTAXの運営主体について、次の措置を講ずる。
　⑴　総務大臣の監督権限
　　　総務大臣は、eLTAXの運営主体に対し、地方税法及び定款に違反するおそれがある場

合の報告・立入検査及び違法行為等の是正の要求並びにeLTAXの運営主体による適正な事務の実施のための命令及び報告・立入検査等を行うことができることとする。
(2) 安全確保措置
　　eLTAXの運営主体の役職員に対する秘密保持義務、義務に違反した場合の罰則、役職員を刑法その他の罰則の適用について公務員とみなす規定等の所要の措置を講ずる。
(3) eLTAXの運営主体である一般社団法人地方税電子化協議会を、次のとおり、地方税法に設置根拠・組織運営が規定される法人（地方税共同機構（仮称））（以下「機構」という。）とする。
　① 設立の手続
　　　都道府県知事、市長又は町村長の全国的連合組織（以下「地方三団体」という。）が選任する設立委員が、総務大臣の認可を得て、平成31年4月1日に機構を設立する。
　　　これに伴い、一般社団法人地方税電子化協議会を廃止し、その権利義務は機構が承継するものとする。
　② 組織
　　イ　機構に、代表者会議を置き、地方三団体が選任する都道府県知事、市長又は町村長及び地方三団体が選任する学識経験者をもって組織し、議長は委員の互選とする。
　　ロ　定款の変更、業務方法書、予算及び事業計画等については、代表者会議の議決を経なければならないものとする。また、代表者会議は、機構の業務の適正な運営を確保するため必要があると認めるときは、理事長に対し、機構の業務並びに資産及び債務の状況に関し報告させ、役職員の行為が地方税法、他の法令又は定款に違反するおそれがあると認めるときは、理事長に対し、当該行為の是正のため必要な措置を講ずることを命ずることができるものとする。
　　ハ　機構に、役員として、理事長及び監事を置く。また、定款の定めにより、理事又は副理事長を置くことができるものとする。
　　ニ　理事長及び監事は、代表者会議が任命し、理事又は副理事長は、理事長が代表者会議の同意を得て任命するものとする。また、代表者会議又は理事長は、それぞれその任命に係る役員が欠格事項のいずれかに該当するときは、その役員を解任しなければならないこととする。
　　ホ　機構の職員は、理事長が任命するものとする。
　　ヘ　機構は、共同収納、eLTAXの設置・管理等に関する事務（以下「税務情報等処理事務」という。）を行うほか、地方税に関する地方公共団体への支援等（調査研究・広報・職員向け研修等）を行うものとする。
　　ト　機構は、業務方法書を作成し、総務大臣に届け出るとともに、その業務方法書を公表するものとする。
　　チ　機構に、運営審議会を置き、委員は、学識経験者のうちから、代表者会議が任命することとし、理事長は、業務方法書、予算及び事業計画の作成又は変更等について、運営審議会の意見を聴くとともに、代表者会議の議決を求めるときは、その意見を報告しなければならないこととする。また、運営審議会は、機構の業務について、理事長の諮問に応じ、又は自ら建議を行い、当該建議のため必要と認めるときは、理事長に対し報告を求めることができることとし、理事長は、運営審議会が述べた意見を尊重しなければならないものとする。
　　リ　機構に、税務情報保護委員会を置き、委員は、学識経験者のうちから、理事長が任命することとし、税務情報の保護に関する事項を調査審議し、及びこれに関し必要と認める意見を理事長に述べることができることとする。
　　ヌ　機構の運営に要する費用は、地方公共団体が負担することとする。
　③ その他
　　イ　税務情報等処理事務について機構の成立に伴う所要の規定を整備する。

ロ　その他所要の措置を講ずる。
　（注）　上記の改正は、⑶①を除き、平成31年4月1日から適用する。
5　その他
（国　税）
⑴　国税のコンビニ納付について、自宅等において納付に必要な情報（いわゆる「QRコード」）を出力することにより行うことができることとする。
　（注）　上記の改正は、平成31年1月4日以後に納付の委託を行う国税について適用する。
⑵　国税の予納制度について、対象となる国税を概ね12月（現行：6月）以内において納付すべき税額の確定することが確実であると認められる国税に拡充し、併せて、ダイレクト納付により行うことができることとする。
　（注）　上記の改正は、平成31年1月4日以後に納付手続を行う国税について適用する。
⑶　電子情報処理組織を使用して行うことができる処分通知等について、その範囲に次の処分通知等を加えるほか所要の整備を行う。
　①　更正の請求に係る減額更正等の通知
　②　住宅ローン控除証明書の交付
　③　適格請求書発行事業者の登録に係る通知
　（注）　上記の改正は、平成32年1月1日以後に行う処分通知等について適用する。
⑷　参加差押えをした行政機関等は、参加差押えに係る不動産について、差押えをした行政機関等に換価の催告をしてもなお換価が行われない場合には、差押えをした行政機関等の同意を得ることを要件として、配当順位を変更することなく、換価の執行をする旨の決定（以下「換価執行決定」という。）をすることができることとする。また、先行する差押えが解除された場合において、参加差押えをした行政機関等が、第二順位であるときは原則として換価を続行することができることとし、第三順位以降であるときは換価執行決定を取り消すこととするほか所要の整備を行う。
　（注）　上記の改正は、平成31年1月1日以後の換価執行決定により行う換価について適用する。
⑸　法人税の確定申告書の提出期限の延長の特例等の適用がある場合における利子税について、申告した後に減額更正がされ、その後更に増額更正等があった場合には、増額更正等により納付すべき税額（その申告により納付すべき税額に達するまでの部分に限る。）のうち延長後の申告期限前に納付がされていた部分は、その納付がされていた期間を控除して計算することとする。
　（注）　上記の改正は、平成29年1月1日以後に法定納期限が到来した国税について適用する。
⑹　税理士試験に係る受験手数料について、受験科目が1科目の場合は4,000円（現行：3,500円）に、受験科目が2科目以上の場合は1科目追加ごとに加算する額を1,500円（現行：1,000円）に引き上げることとする。
⑺　各士業の資格等における成年被後見人等の欠格条項の見直しに係る所要の法令改正を前提に、次の措置を講ずる。
　①　税理士の欠格条項について、その範囲から成年被後見人等を除外するほか所要の整備を行う。
　②　酒類販売管理者の欠格条項の範囲について、成年被後見人等を心身の故障により酒類販売管理者の業務を行うことができない者とする。
⑻　税理士の登録申請書に添付が必要とされる戸籍抄本について、試験申込時から登録までの間に氏名等の変更がある申請者を除き、提出を要しないこととする。
（地方税）
⑴　地方税に関する延滞金等について、私人への収納委託の対象とする。
⑵　参加差押えをした行政機関等は、参加差押えに係る不動産について、差押えをした行政

機関等に換価の催告をしてもなお換価が行われない場合には、差押えをした行政機関等の同意を得ることを要件として、配当順位を変更することなく、換価の執行をする旨の決定（以下「換価執行決定」という。）をすることができることとする。また、先行する差押えが解除された場合において、参加差押えをした行政機関等が、第二順位であるときは原則として換価を続行することができることとし、第三順位以降であるときは換価執行決定を取り消すこととするほか所要の整備を行う。
　（注）　上記の改正は、平成31年１月１日以後の換価執行決定により行う換価について適用する。
(3)　法人事業税の確定申告書の提出期限の延長の特例等の適用がある場合における延滞金の計算期間について、国税における利子税の計算期間の見直しに準じて所要の措置を講ずる。
　（注）　上記の改正は、平成29年１月１日以後に法定納期限が到来した地方税について適用する。
(4)　成年被後見人等の欠格条項の見直しに係る所要の法令改正を前提に、固定資産評価員の欠格条項について、その範囲から成年被後見人等を除外するほか所要の整備を行う。

2 平成31年度税制改正大綱（抄）

六 納税環境整備

1 番号が付された証券口座情報の効率的な利用に係る措置

（国　税）

個人番号又は法人番号（以下「番号」という。）が付された証券口座に係る顧客の情報を税務上効率的に利用できるよう、次の措置を講ずる。

⑴ 証券会社等の口座管理機関は、証券口座に係る顧客の情報を番号により検索することができる状態で管理しなければならないこととする。

⑵ 振替機関は、証券口座に係る顧客の情報を番号により検索することができる状態で管理しなければならないこととするとともに、調書を提出すべき者（株式等の発行者又は口座管理機関に限る。）から証券口座に係る顧客の番号その他の情報の提供を求められたときは、これらの情報を提供するものとする。

（注） 上記の改正は、平成32年4月1日から施行する。

（地方税）

個人番号又は法人番号（以下「番号」という。）が付された証券口座に係る顧客の情報を税務上効率的に利用できるよう、次の措置を講ずる。

⑴ 証券会社等の口座管理機関は、証券口座に係る顧客の情報を番号により検索することができる状態で管理しなければならないこととする。

⑵ 振替機関は、証券口座に係る顧客の情報を番号により検索することができる状態で管理しなければならないこととする。

（注） 上記の改正は、平成32年4月1日から施行する。

2 情報照会手続の整備

（国　税）

税務当局による情報照会の仕組みについて、次のとおり整備を行う。

⑴ 事業者等への協力要請

国税庁等の当該職員は、事業者及び特別の法律により設立された法人に、国税に関する調査（犯則事件の調査を除く。以下同じ。）に関し参考となるべき帳簿書類その他の物件の閲覧又は提供その他の協力を求めることができることを法令上明確化する。

⑵ 事業者等への報告の求め

① 所轄国税局長は、次の要件の全てを満たす場合には、事業者、官公署又は特別の法律により設立された法人（以下「事業者等」という。）に、特定取引者の氏名又は名称、住所又は居所及び個人番号又は法人番号につき、60日を超えない範囲内においてその準備に通常要する日数を勘案して定める日までに、報告を求めることができることとする。

イ 特定取引者の国税について、更正決定等をすべきこととなる相当程度の可能性がある場合

ロ この報告の求めによらなければ、特定取引者を特定することが困難である場合

（注1） 上記の「所轄国税局長」とは、事業者等の所在地を所轄する国税局長をいう。

（注2） 上記の「特定取引者」とは、事業者等との取引（事業者等を介して行われる取引を含む。以下「特定取引」という。）を行う不特定の者をいう。なお、下記（注3）⑴に該当する場合にあっては、年間1,000万円の課税標準を生じ得る取引金額を超える特定取引を行う者に限る。

（注3） 上記イの「更正決定等をすべきこととなる相当程度の可能性がある場合」とは、次のいずれかに該当する場合をいう。

⑴ 特定取引と同種の取引を行う者（その取引に係る課税標準等が年間1,000万円を超える者に限る。）に対する国税に関する調査において、その半数以上の者につい

て、その取引に係る課税標準等・税額等につき更正決定等をすべきと認められる場合

　㈣　特定取引に係る物品又は役務を用いることにより、当該特定取引に係る特定取引者の課税標準等・税額等について国税に関する法律の規定に違反すると認められる場合

　㈥　特定取引が経済的観点から見て通常であれば採られないような不合理な取引態様であることにより、違法行為の存在を推認させる場合

② 所轄国税局長は、上記①の報告の求めを行う場合には、事業者等の事務負担に配慮するとともに、報告を求める事項を書面で事業者等に通知しなければならないこととする。

（注）上記①の報告の求めに対する拒否又は虚偽報告については、検査拒否等の場合と同様の罰則を設ける。

③ 上記①の報告の求めについては、処分として不服申立て又は訴訟の対象とするほか、所要の措置を講ずる。

（注）上記の改正は、平成32年1月1日以後に行う協力又は報告の求めについて適用する。

3　eLTAX 障害発生時の申告等に係る期限延長

　eLTAX（地方税のオンライン手続のためのシステム）に障害が発生した場合の申告等に係る期限について、迅速かつ全国統一的な対応を行うため、次の見直しを行う等の所要の措置を講ずる。

⑴　総務大臣は、eLTAX の障害によって多くの納税者が期限までに申告等をすることができないと認めるときは、告示を行うことにより、当該期限を延長することができることとする。

⑵　地方税共同機構（eLTAX の運営主体）は、eLTAX の障害が生じたときは、遅滞なく総務大臣に報告しなければならないこととする。

4　大法人の電子申告の義務化に伴う所要の措置

（地方税）

　大法人の電子申告義務化に伴い、次の措置を講ずる。

⑴　申告書の電子情報処理組織による提出義務の創設に伴う申告書の添付書類の提出方法の柔軟化及び電気通信回線の故障、災害その他の理由により電子情報処理組織を使用することが困難であると認められる場合の宥恕措置

① 大法人が法人住民税及び法人事業税の確定申告書、中間申告書及び修正申告書を提出する際の添付書類の提出については、当該添付書類に記載すべきものとされ、又は記載されている事項を電子情報処理組織を使用する方法に加えて、当該事項を記録した光ディスク等を提出する方法により提供することができることとする。

② 上記①の大法人が、電気通信回線の故障、災害その他の理由により電子情報処理組織を使用することが困難であると認められる場合において、書面により上記①の申告書を提出することができると認められるときは、地方団体の長の承認を受けて、上記①の申告書及び添付書類を書面により提出できることとする。

③ 上記①の大法人が、電気通信回線の故障、災害その他の理由により電子情報処理組織を使用することが困難であると認められる場合において、書面により法人税及び地方法人税の確定申告書、中間申告書及び修正申告書を提出することができると認められ、これらの申告書を書面により提出することについて、納税地の所轄税務署長の承認を受けたときは、上記①の申告書の書面による提出について、上記②の地方団体の長の承認があったものとみなす。

④ 総務大臣が、eLTAX の障害により、上記①の大法人が上記①の申告書を電子情報処理組織を使用する方法により提出することが困難であると認めた場合において、告示を行ったときは、上記①の大法人は、上記①の申告書及び添付書類を書面により提出でき

ることとする。
　(2)　その他所要の措置を講ずる。
　(注)　上記の改正は、平成32年4月1日から適用する。
5　その他
（国　税）
　(1)　情報通信技術を活用した行政の推進等に関する法律（仮称）の制定を前提に、同法の趣旨を踏まえ、税務手続のオンライン化を推進するほか所要の整備を行う。
　(2)　税理士試験受験資格認定申請書及び税理士試験免除申請書について、住民票の写しの添付を要しないこととする。
　　(注)　上記の改正は、平成31年4月1日以後に提出する申請書について適用する。
　(3)　マイナポータルを利用して電子情報処理組織により法人設立届出書等の設立関係書類の申請等を行う場合において、その設立関係書類への記載事項等をマイナポータルに入力して送信する際に電子署名及び電子証明書の送信を行うときは、その設立関係書類の情報について電子署名及び電子証明書の送信を要しないこととする。
　(4)　電子情報処理組織を使用して行うことができる申請等について、その範囲に地方揮発油税法に基づく申請等を加えるほか、添付書類に係る電子署名付の電磁的記録の提出方法を法令上明確化する等の所要の整備を行う。
　(5)　国税関係帳簿書類の電磁的記録等による保存制度及びスキャナ保存制度について、次の見直しを行うこととする。
　　①　新たに業務を開始した個人の承認申請書について、業務を開始した日から2月以内に提出することができることとする。
　　②　承認申請手続等について、運用上、次の対応を行う。
　　　イ　ソフトウェアの要件適合性の確認業務を行う公益社団法人による確認を受けたソフトウェアを利用する者が行う承認申請書の提出手続の簡素化を行う。
　　　ロ　受託開発されるシステム等を利用する者が要件適合性を事前に国税当局に確認できる体制を構築する等の対応を行う。
　　③　スキャナ保存の承認を受けている者は、その承認以前に作成又は受領をした契約書・領収書等の重要書類（過去に本措置に係る届出書を提出した重要書類と同一の種類のものを除く。）について、所轄税務署長等への届出書の提出等の一定の要件の下、スキャナ保存を行うことができることとする。
　　(注)　上記①及び②イの改正は平成31年9月30日以後に行う承認申請について、上記③の改正は同日以後に提出する届出書に係る重要書類について、それぞれ適用する。
　(6)　国税犯則調査手続における臨検等及び国税徴収手続における捜索の立会人並びに税理士となる資格を有する者の成年の要件について、改正後の民法の成年と同様とする。
　(7)　外国弁護士による法律事務の取扱いに関する特別措置法の改正を前提に、弁護士・外国法事務弁護士共同法人（仮称）（弁護士である社員の全員が国税局長に通知しているものに限る。）について、国税局長に通知することにより税理士業務ができることとするほか、無限責任社員の第二次納税義務の対象となる社員の範囲に、弁護士・外国法事務弁護士共同法人（仮称）の社員を加える等の所要の整備を行う。
　(8)　独立行政法人日本学生支援機構法の学資支給金について、同法の改正を前提に、引き続き国税の滞納処分による差押えを禁止することとする。
（地方税）
　(1)　情報通信技術を活用した行政の推進等に関する法律（仮称）の制定を前提に、同法の趣旨を踏まえ、税務手続のオンライン化を推進するほか所要の整備を行う。
　(2)　マイナポータルを利用して電子情報処理組織により法人設立届出書等の設立関係書類の申請等を行う場合において、その設立関係書類への記載事項等をマイナポータルに入力して送信する際に電子署名及び電子証明書の送信を行うときは、その設立関係書類の情報に

ついて電子署名及び電子証明書の送信を要しないこととする。
⑶　地方税犯則調査手続における臨検等の立会人の成年の要件について、改正後の民法の成年と同様とする。
⑷　外国弁護士による法律事務の取扱いに関する特別措置法の改正を前提に、無限責任社員の第二次納税義務の対象となる社員の範囲に、弁護士・外国法事務弁護士共同法人（仮称）の社員を加える等の所要の整備を行う。
⑸　独立行政法人日本学生支援機構法の学資支給金について、同法の改正を前提に、引き続き地方税の滞納処分による差押えを禁止することとする。

3 「行政手続コスト」削減のための基本計画（国税）

省庁名	財務省
重点分野名	国税

1 手続の概要及び電子化の状況
　① 手続の概要
　　国税に関する手続については、国税通則法、所得税法、法人税法、消費税法等の各税法において規定され、当該規定に基づき、納税義務者等は、申告、納付、申請・届出等の各行為を行う必要がある。
　② 電子化の状況
　　所得税、法人税、消費税等の申告や申請・届出等の各種手続については、国税電子申告・納税システム（e-Tax）により、インターネット等を利用してオンラインで行うことが可能である。
　（注）　相続税の申告手続についても、2019年10月以降対応予定。
　　オンライン利用が可能な申告や申請・届出等の手続は、「行政手続等における情報通信の技術の利用に関する法律」（オンライン化法）に基づき公表することとされており、2016年度の実績では474手続（国税関係手続の40.6％）（注）となっている。
　（注）　2011年度におけるオンライン対象手続は930手続（国税関係手続の87.1％）であったが、「新たなオンライン利用に関する計画」（2011年8月3日IT戦略本部決定）に基づき、手続の発生頻度等の費用対効果を踏まえ、オンライン対象手続の範囲の大幅な見直しを行っている。
　　また、納付手続についても、ダイレクト納付（事前に税務署に届出をすることで、e-Taxによる申告書等の提出後、指定した預貯金口座からの振替により電子納税を行う仕組み）やインターネットバンキング等を通じたオンライン納付を行うことが可能である。
　　なお、主な税目における申告や申請・届出等の手続のオンライン利用率（2016年度実績）は次のとおりとなっている。

手続名		オンライン利用率
所得税申告		53.5％
法人税申告		79.3％(※)
消費税申告	個　人	63.2％
	法　人	77.3％
申請・届出等		52.8％
納付		8.0％

（出所）
・申告手続：財務省改善取組計画（2014年9月18日策定、2016年11月30日改定）
　（※）　なお、国税局調査部所管法人（原則、資本金が1億円以上の法人）について、法人税申告のオンライン利用率は56.9％。
・申請・届出等：オンライン化法10条1項に基づく公表数値により算出。
・納付：国税庁調べ（「電子納付件数／（窓口納付件数＋電子納付件数）」により算出）

2 削減方策（コスト削減の取組内容及びスケジュール）
　経済社会のICT化等を踏まえ、税務手続においても、ICTの活用を推進し、利便性の高い納税環境を整備するとともに、データの円滑な利用を進めることにより社会全体のコスト削減を図ることが重要。
　こうした観点から、以下に掲げた計画のとおり着実に取組を進める。その際、財務省において所要の税制改正・予算措置等を前提として実施可能な施策については、特にタイムリー

に実現を図る。また、省庁横断的な検討作業が必要であるなど、関係省庁の協力が必要となる施策については、その進捗を踏まえ、財務省としても積極的に対応する。

(1) 電子申告の義務化が実現されることを前提として、大法人の法人税・消費税の申告について、電子申告（e-Tax）の利用率100％

　平成30年度（2018年度）税制改正において、大法人の法人税等の申告について電子申告の義務化を法制化した。具体的には、2020年4月1日以後に開始する事業年度（課税期間）について、内国法人のうち事業年度開始の時において資本金の額又は出資金の額が1億円を超える法人並びに相互会社、投資法人、特定目的会社、国・地方公共団体を対象として、法人税・地方法人税・消費税の申告に当たり、申告書及び申告書に添付すべきものとされている書類の提出を電子的に行わなければならないこととした。

　あわせて、申告データの円滑な電子提出のための環境整備として、提出情報等のスリム化、データ形式の柔軟化、提出方法の拡充、提出先の一元化（ワンスオンリー化）、認証手続の簡便化等の見直しを行うこととした（各施策の詳細は(4)(5)に記載のとおり）。

　今後は、大法人の法人税・消費税のe-Tax利用率100％という目標達成に向け、電子申告が義務化されることに加え、上記の環境整備に関する取組についても周知を図る。

(2) 中小法人の法人税・消費税の申告について、電子申告（e-Tax）の利用率85％以上。なお、将来的に電子申告の義務化が実現されることを前提として、電子申告（e-Tax）の利用率100％

　平成30年度（2018年度）税制改正において、大法人の電子申告義務化と併せて措置することとした申告データの円滑な電子提出のための環境整備策（提出情報等のスリム化、データ形式の柔軟化、提出方法の拡充、提出先の一元化（ワンスオンリー化）、認証手続の簡便化等）は、中小法人にも適用される（各施策の詳細は(4)(5)に記載のとおり）。

　今後、中小法人の法人税・消費税のe-Tax利用率85％以上という目標達成に向け、こうした環境整備の周知も図りながら、税理士や未利用者への個別の利用勧奨や関係団体等を通じた利用勧奨、リーフレット等による広報・周知等、e-Taxの普及に向けた取組を一層進める。

　また、電子申告の義務化も含めた、中小法人の更なる利用率向上のための方策については、こうした環境整備の効果やe-Tax未利用法人の実態等を踏まえ、中小法人のICT環境も勘案しつつ、引き続き検討を行う。

(3) 電子納税の一層の推進

　イ　e-Taxの申告情報（納付税額等）の自動引継機能の整備【2017年6月実施済み】

　　納付手続の簡便化の観点から、インターネットバンキング等を通じたオンライン納付について、ダイレクト納付と同様に、e-Taxによる申告情報をシステム上で自動的に引き継ぐ機能を実装した。

　ロ　ダイレクト納付を利用できる預貯金口座の複数登録【2018年1月実施済み】

　　ダイレクト納付において、複数の金融機関の預貯金口座の登録を可能とした。

　ハ　ダイレクト納付を利用した予納制度の拡充【2019年1月実施予定】

　　ダイレクト納付を利用することで、予納（納期限前にあらかじめ納付を行うこと）を定期に均等額で行うことや任意のタイミングで行うことを可能とする。

　（参考）コンビニ納付の利用手段の拡充【2019年1月実施予定】＜新規＞

　　コンビニ納付について、自宅等において納付に必要な情報（税目や税額など）をいわゆる「QRコード」として出力することにより行うことを可能とする。

(4) e-Taxの使い勝手の大幅改善（利用満足度に係るアンケートを実施し、取り組む）

　事業者の負担感減少に向け、以下に掲げる施策を通じてe-Taxの使い勝手の改善を進める。あわせて、ホームページ等を通じてe-Taxの操作性等の利用満足度に係るアンケートを実施し、e-Taxの使い勝手の検証や更なる改善につなげていく。

イ 提出情報等のスリム化
　(イ) 土地収用証明書等の添付省略（保存義務への転換）【2018年4月実施】＜新規＞
　　収用等に伴い代替資産を取得した場合の課税の特例等の制度の適用を受ける場合に法人税の申告書に添付することとされている土地収用証明書等について、添付することに代えて保存することにより、制度の適用を認めることとする（書面申告の場合も含めて措置）。
　(ロ) PDF送信された添付書類の紙原本の保存不要化【2018年4月実施】＜新規＞
　　e-Taxによりイメージデータ（PDF形式）で送信する添付書類について、一定の解像度及び階調の要件を付した上で、税務署長による当該添付書類の紙原本の提示等を求める措置を廃止する。
　(ハ) 勘定科目内訳明細書の記載内容の簡素化【2019年4月実施予定】＜新規＞
　　法人税の申告書に添付する勘定科目内訳明細書について、記載省略の範囲拡充（個別記載の上限を100件とする）及び記載単位の柔軟化（取引先単位で記載する科目について、記載件数が100件を超える場合には、支店等毎の記載を可能とする）を行うほか、記載項目の一部を削除することにより、記載内容の簡素化を図る（書面申告の場合も含めて措置）。

ロ データ形式の柔軟化
　(イ) 法人税申告書別表（明細記載を要する部分）及び勘定科目内訳明細書のデータ形式の柔軟化【2019年4月実施予定】＜新規＞
　　法人税の申告において、e-Tax等により別表（約50帳票）の明細記載を要する部分及び勘定科目内訳明細書を送信する場合のデータ形式について、XML形式のほか、CSV形式を許容する。
　　なお、データの作成・処理等の円滑化を図るため、国税庁が標準フォーム（利用者が簡易な操作で電子ファイルを作成することができる雛形）を提供する。
　　（注）
　　　・XML（eXtensible Markup Language）
　　　　情報の内容にタグを付加して構造的に記述しているコンピュータ言語。プログラムから扱いやすい文書（データ）を定義可能であるため、幅広い分野で利用されている。
　　　・CSV（Comma Separated Value）
　　　　各項目のデータをカンマで区切ったテキスト形式のファイル。エクセル等の表計算ソフトから作成が可能。
　(ロ) 財務諸表のデータ形式の柔軟化【2020年4月実施予定】＜新規＞
　　法人税の申告において、e-Taxにより財務諸表を送信する場合のデータ形式について、XBRL形式のほか、CSV形式を許容する。
　　なお、データの作成・処理等の円滑化を図るため、国税庁が勘定科目コードを公表し、それを含んだ標準フォーム（利用者が簡易な操作で電子ファイルを作成することができる雛形）を提供する。
　　（注）
　　　・XBRL（eXtensible Business Reporting Language）
　　　　財務情報を効率的に作成・流通・利用できるよう、国際的に標準化されたコンピュータ言語。XMLをベースとして開発されたもの。

ハ 提出方法の拡充
　(イ) e-Taxの送信容量の拡大【2019年1月実施予定】
　　e-Taxにより申告書等を送信する場合において、以下のとおり1送信当たりのデータ送信容量を拡大する。

	現　状	拡大後
申　告　書 （※１）	10メガバイト （約2,500枚）	20メガバイト （約5,000枚）
添付書類 （※２）	1.5メガバイト （約20枚）	8メガバイト （約100枚）

（※１）XML形式においてA4版1枚当たり4キロバイトで換算。
（※２）PDF形式においてA4版1枚当たり75キロバイトで換算。
（注）大法人の電子申告義務化を見据え、更なる送信容量の拡大の必要性について、システム整備の費用対効果等を踏まえ、2018年度中に検討を行う。

　　　㋺　添付書類の提出方法の拡充（光ディスク等による提出）
【2020年4月実施予定】＜新規＞
　　　　法人税の電子申告において、光ディスク等による添付書類の提出を可能とする。
　ニ　提出先の一元化（ワンスオンリー化）［地方税との情報連携に係る施策は後掲］
　　　㋑　連結法人に係る個別帰属額等の届出書の提出先の一元化
【2020年4月実施予定】＜新規＞
　　　　連結親法人がe-Tax等により連結子法人の個別帰属額等の届出書を提出した場合には、連結子法人が当該届出書を提出したものとみなし、連結子法人による提出を不要とする。
　　　㋺　連結納税の承認申請関係書類の提出先の一元化【2019年4月実施予定】＜新規＞
　　　　次の書類について、連結子法人となる法人又は連結子法人による提出を不要とする（書面提出の場合も含めて措置）。
　　　　・連結納税の承認の申請書を提出した旨の届出書
　　　　・完全支配関係を有することとなった旨を記載した書類
　　　　・連結完全支配関係等を有しなくなった旨を記載した書類
　ホ　認証手続の簡便化
　　　㋑　法人納税者の認証手続の簡便化【2018年4月実施】
　　　　・法人税の申告書における代表者及び経理責任者の自署押印制度を廃止し、代表者のみの記名押印制度の対象とする（書面申告の場合も含めて措置）。
　　　　・法人納税者がe-Taxを利用して申告手続を行う際、当該法人納税者の代表者から委任を受けた者（当該法人納税者の役員及び職員に限る）の電子署名等を送信する場合には、代表者の電子署名等の送信を要しないこととする。
　　　㋺　個人納税者の認証手続の簡便化【2019年1月実施予定】
　　　　個人納税者がマイナンバーカードに搭載された電子証明書を用いてe-Taxを利用する場合において、e-TaxのID・パスワード（PW）の入力を省略する。また、マイナンバーカード及びICカードリーダライタの未取得者を念頭に、厳格な本人確認に基づき税務署長が通知したID・PWのみによるe-Taxの利用を可能とする。
　　　　（注1）　上記施策に併せて、e-Taxのメッセージボックスに格納している個人情報のセキュリティ強化を図るため、当該情報を閲覧する際には、納税者本人のマイナンバーカード等による認証を必要とする。その際、税理士業務の円滑な実施を確保するため、個人納税者のメッセージボックスに格納する申告に必要な情報を、当該個人納税者が指定する税理士のメッセージボックスに転送する機能を併せて導入する。
　　　　（注2）　利用者の多い一般的な給与所得者の医療費控除又はふるさと納税等による還付申告を対象に、国税庁ホームページの「確定申告書等作成コーナー」について、スマートフォン等の小さな画面でも容易に操作ができる専用画面（「スマートフォン等専用画面」）を提供し、スマートフォン等による申告を可能と

する（2019年1月実施予定）。また、その後も、「スマートフォン等専用画面」の利用状況や、スマートフォンの電子証明書の読取機能に関する技術動向、システム整備の費用対効果等を踏まえつつ、「スマートフォン等専用画面」の対象範囲の拡大を図る。

(ハ) 更なる本人確認手続の簡便化【内閣官房における検討結果を踏まえ対応】＜新規＞
電子的な本人確認手続については、「デジタル・ガバメント実行計画」（2018年1月16日eガバメント閣僚会議決定）において、内閣官房において2018年度を目途に「オンライン手続におけるリスク評価及び電子署名・認証ガイドライン」（2010年8月31日CIO連絡会議決定）の見直しを行い、各府省は、当該見直しを踏まえ、保有する手続における本人確認等の手法の見直しを実施することとされた。
財務省としても、上記政府方針に沿って、内閣官房における検討結果を踏まえ、e-Taxにおける更なる本人確認手続の簡便化について、関係省庁と協議しつつ適切に対応する。

ヘ マイナポータルの利便性の向上
(イ) マイナポータルからe-Taxへのシームレスな認証連携【2017年1月実施済み】
マイナンバーカードを用いてマイナポータルにログインすることにより、e-Tax用のID・PWを入力することなくe-Taxへのログインを可能とした。
(ロ) マイナポータルの「お知らせ」機能の活用
マイナポータルの「お知らせ」機能を活用して、以下の情報を他の行政機関に係る情報と併せて一元的に閲覧可能とする。
・e-Taxのメッセージボックスに格納している情報（予定納税額や振替納税利用金融機関名等の申告に関する情報）【2019年1月実施予定】
・各種説明会の開催案内等の情報【2019年9月実施予定】

ト その他のe-Taxの利便性向上策
(イ) e-Tax受付時間の更なる拡大【2019年1月実施予定】
e-Taxの受付時間の更なる拡大策として、2019年1月から、
・平日については24時間、
・土日については、確定申告期間は24時間、その他の期間は、毎月の最終土日の8：30から24：00まで
とする取組（いずれも、年末年始を含むメンテナンス期間を除く。）を行う。
その後の対応については、利用者のニーズや費用対効果、システムの安定稼働の確保に向けた課題を整理しつつ検討を行う。
（注）e-Taxの受付時間はこれまでも、確定申告期間の土日も含む24時間受付及び5月、8月、11月の最終土日の受付（8：30から24：00）など順次拡大を図っている。
(ロ) 法人納税者のe-Taxメッセージボックスの閲覧方法の改善【2019年3月実施予定】
法人納税者がe-Taxを利用する際、経理担当者が申告書等を作成・送信し、給与担当者が従業員の源泉徴収票を作成・送信するなど、部署単位で手続を行っている場合において、現状、メッセージボックスがどの部署でも閲覧可能な状態を改め、部署単位で情報を管理できるようメッセージボックスの閲覧方法の改善を行う。
(ハ) 法人番号の入力による法人名称等の自動反映【2019年4月実施予定】
e-Taxソフトにより各種手続を行う場合において、法人番号の入力により法人番号公表サイトで公表している最新の法人情報（法人の名称及び所在地等の本店情報）を自動的に反映する機能を整備する。
(ニ) 財務諸表の勘定科目設定数の拡充【2020年3月実施予定】
e-Taxソフトの財務諸表の勘定科目を現状の約1,600から約6,400に増加させ、簡易な操作により法人が保有する財務諸表データを電子的に提出できる機能を実装する。

(5) 地方税との情報連携の徹底（法人設立届出書等の電子的提出の一元化、電子申告における共通入力事務の重複排除等）
　イ　電子的提出の一元化等
　　(イ)　地方団体で作成した所得税確定申告書データの引継ぎの推進
【地方団体の理解・協力が前提】
　　　　地方税当局の申告相談会場において、申告書作成システムを利用して電子的に作成された所得税及び復興特別所得税申告書等について、e-Taxへのデータによる引継ぎを推進する。
　　　（注）　2017年1月以降、地方税当局による本人確認を前提として、納税者の電子署名及び電子証明書を不要とするとともに、自宅等からのe-Taxと同様、第三者作成の添付書類について、その記載内容を入力することで、当該書類の提出又は提示を省略可能としている。
　　(ロ)　給与・公的年金等の源泉徴収票及び支払報告書の電子的提出の一元化の推進
　　　　2017年1月以降、国税当局と地方税当局それぞれに提出している給与・公的年金等の源泉徴収票及び支払報告書について、eLTAXによるデータの一括作成及び電子的提出の一元化を可能としたところ、この取組を引き続き推進する。
　　(ハ)　法人納税者の開廃業・異動等に係る申請・届出手続の電子的提出の一元化
【総務省と連携して2020年3月実施予定】
　　　　法人納税者が設立又は納税地異動等の際に国税当局と地方税当局それぞれに提出している各種届出書等について、データの一括作成及び電子的提出の一元化を可能とする。
　　　（注1）　個人納税者の上記同様の手続について、地方税当局のデータ様式の統一化等の検討状況を踏まえ、データの一括作成及び電子的提出の一元化を可能とするよう検討する。
　　　（注2）　法人設立手続については、「新しい経済政策パッケージ」（2017年12月8日閣議決定）において、税・社会保険・登記等の各種手続のオンライン化とマイナポータルを活用したワンストップサービスの提供に向けて、政府全体として具体策と実現に向けた工程の成案を得ることとされている。財務省としても、政府全体の検討結果を踏まえ、適切に対応する。上記施策についても、政府全体によるワンストップサービスと整合性を図る。
　　(ニ)　法人税及び地方法人二税の電子申告における共通入力事務の重複排除
【総務省と連携して2020年3月実施予定】
　　　　法人住民税・法人事業税（地方法人二税）の電子申告手続時の複数自治体への申告に共通する事項の重複入力の排除の検討・実現に併せ、総務省と連携して、法人税及び地方法人二税の電子申告における共通入力事務の重複排除に向けて取り組む。具体的には、eLTAXソフト（PCdesk）における民間ソフトベンダーへの仕様公開方法の改善や法人税申告情報のインポート機能の実装等と併せ、e-Taxにおいて重複項目に係るデータをeLTAXにエクスポートする機能を実装する。
　　(ホ)　財務諸表の提出先の一元化＜新規＞【総務省と連携して2020年4月実施予定】
　　　　法人事業税における外形標準課税対象法人等が法人税の申告をe-Taxにより行い、その際財務諸表を電子的に提出している場合には、国税・地方税当局が情報連携を行うことにより、法人事業税の申告において添付が必要とされる財務諸表の提出を不要とする。
　　　（注）　その他の法人税関係書類（法人税申告書等）についても、国税・地方税当局間の情報連携を推進する。
　ロ　e-TaxとeLTAXの連携

(イ)　e-Tax と eLTAX の仕様の共通化の推進【2017年度以降順次実施】
　　　　e-Tax と eLTAX 双方の利便性を向上させるため、民間ソフトベンダーの開発環境を改善する観点から、e-Tax と eLTAX との間で利用可能な文字、システム改修のリリース日、仕様書の記載方法等の統一化について、民間ソフトベンダー各社のニーズ等を踏まえつつ検討を行い、順次対応を進める。
　　(ロ)　e-Tax ソフトと eLTAX ソフト（PCdesk）との連携の推進
　　　　　　　　　　　　　　　　　　　　　【総務省と連携して2020年3月実施予定】
　　　　上記イ（電子的提出の一元化等）に掲げる開廃業・異動等に係る申請・届出手続など、利用者ニーズの高い手続について、e-Tax と eLTAX 双方のソフト間の連携等を図る。
(6)　その他
　　「行政手続部会取りまとめ」において明記されている施策ではないが、国税手続に係る事業者の負担感の軽減に資するものとして、以下の施策にも取り組む。
　イ　異動届出書等の提出先の一元化【2017年4月実施済み】
　　　異動前後の所轄税務署に提出が必要とされていた異動届出書等について、異動元の所轄税務署へ提出先の一元化（異動後の所轄税務署への提出の省略）を実施した。
　ロ　登記事項証明書（商業）の添付省略【2017年4月一部実施済み】
　　　「登記・法人設立等関係手続の簡素化・迅速化に向けたアクションプラン」（2016年10月31日 CIO 連絡会議決定）に基づき、2017年4月以降、法人納税者の開廃業に係る手続において必要とされる「登記事項証明書（商業）」の添付省略を実施した。
　　　また、開廃業時以外の手続についても、当該アクションプラン及び「デジタル・ガバメント実行計画」に基づき法務省が2020年度に構築することとされている各行政機関に登記情報を提供する仕組みを活用することにより、登記事項証明書（商業）の添付省略の実施に向けて、関係省庁と検討を行う。
　ハ　住民票の添付省略【2017年1月一部実施済み】＜新規＞
　　　マイナンバー制度の導入を契機とした納税者利便の向上策として、住宅ローン控除等の所得税申告手続（16手続）において、2016年分の申告から住民票の写しの添付を不要とした。残余の手続においても、行政機関間の情報連携を通じて住民票の写しの添付省略が可能となるよう、関係省庁と検討を行う。
　　（注）「デジタル・ガバメント実行計画」においては、添付書類として戸籍謄抄本等を求めている各種手続についても、マイナンバーカードの活用や行政機関間の情報連携により、それらの書類の添付省略の可能性を検討することとされており、更なる納税者利便の向上の観点から関係省庁と検討を行う。
　ニ　差額課税に係る酒税納税申告書の提出頻度削減【2017年4月実施済み】
　　　「沖縄の復帰に伴う特別措置に関する法律」に規定する差額課税に係る酒税納税申告書について、都度申告のところを月ごとにまとめて申告することを可能とした。
　ホ　印紙税一括納付承認申請の提出頻度削減【2018年4月実施】
　　　毎年提出が必要とされる印紙税一括納付承認申請について、承認内容の変更がない限り、再度の申請を不要とする。
　ヘ　揮発油税等に係る未納税移出・移入の手続の簡素化【2018年4月実施】
　　　揮発油等の未納税移出入時に必要な手続について、一定の要件に該当する場合には移入証明書等の税務署への提出を不要とする。
　ト　石油ガス税・揮発油税の電子申告対応【2019年度実施に向けて検討】
　　　石油ガス税・揮発油税について、電子申告を可能とする。
　チ　税務相談における ICT や AI 技術の活用【技術動向を踏まえながら検討】＜新規＞
　　　税務相談について、ICT や AI 技術を活用して、相談チャネルの多様化を図るとともに相談内容に応じた回答ができるよう、費用対効果等を踏まえて検討を行う。

［補足］その他の分野に係る取組
　行政手続部会取りまとめにおいて定められた重点分野である「国税」以外の分野に係る取組として、以下の施策にも取り組む。
　○従業員に関する税・社会保険関係手続の簡便化（従業員の納税に係る事務）＜新規＞
　　従業員に関する税・社会保険関係手続については、「第2回　中小企業・小規模事業者の活力向上のための関連省庁連絡会議」（2018年1月11日）の資料において、「行政機関への提出書類に含まれる情報について、重複提供を不要とする仕組みの整備に向けて、平成30年度にロードマップを策定。以降順次、仕組みの整備に着手。」とされたことを踏まえ、内閣官房を中心として関係省庁とともに検討を進める。
　○競争参加資格申請時における納税証明書の提出省略（行政への入札・契約に関する手続）
　　＜新規＞
　　行政機関間の情報連携による競争参加資格申請時の納税証明書の提出省略について、関係省庁とともに検討を進める。
　なお、以上の取組の全体を通じて、下記の点に留意が必要。
　※　システム開発を要する施策については、予算措置が前提となるため、実施時期等に変更が生じる場合があり得る。
　※　また、制度改正を含め検討する施策については、制度改正に係る検討を行う中で、取組内容等に変更が生じる場合があり得る。
　※　地方税との情報連携については、地方団体側の理解と協力が必要。

＜国税参考資料（財務省）＞
○行政手続等における情報通信の技術の利用に関する法律（抄）
（電子情報処理組織による申請等）
第三条　行政機関等は、申請等のうち当該申請等に関する他の法令の規定により書面等により行うこととしているものについては、当該法令の規定にかかわらず、主務省令で定めるところにより、電子情報処理組織（行政機関等の使用に係る電子計算機（入出力装置を含む。以下同じ。）と申請等をする者の使用に係る電子計算機とを電気通信回線で接続した電子情報処理組織をいう。）を使用して行わせることができる。
2　前項の規定により行われた申請等については、当該申請等を書面等により行うものとして規定した申請等に関する法令の規定に規定する書面等により行われたものとみなして、当該申請等に関する法令の規定を適用する。
3　第一項の規定により行われた申請等は、同項の行政機関等の使用に係る電子計算機に備えられたファイルへの記録がされた時に当該行政機関等に到達したものとみなす。
4　第一項の場合において、行政機関等は、当該申請等に関する他の法令の規定により署名等をすることとしているものについては、当該法令の規定にかかわらず、氏名又は名称を明らかにする措置であって主務省令で定めるものをもって当該署名等に代えさせることができる。

（電子情報処理組織による処分通知等）
第四条　行政機関等は、処分通知等のうち当該処分通知等に関する他の法令の規定により書面等により行うこととしているものについては、当該法令の規定にかかわらず、主務省令で定めるところにより、電子情報処理組織（行政機関等の使用に係る電子計算機と処分通知等を受ける者の使用に係る電子計算機とを電気通信回線で接続した電子情報処理組織をいう。）を使用して行うことができる。
2　前項の規定により行われた処分通知等については、当該処分通知等を書面等により行うものとして規定した処分通知等に関する法令の規定に規定する書面等により行われたものとみなして、当該処分通知等に関する法令の規定を適用する。
3　第一項の規定により行われた処分通知等は、同項の処分通知等を受ける者の使用に係る電

子計算機に備えられたファイルへの記録がされた時に当該処分通知等を受ける者に到達したものとみなす。
4 　第一項の場合において、行政機関等は、当該処分通知等に関する他の法令の規定により署名等をすることとしているものについては、当該法令の規定にかかわらず、氏名又は名称を明らかにする措置であって主務省令で定めるものをもって当該署名等に代えることができる。

（手続等に係る電子情報処理組織の使用に関する状況の公表）
第十条　行政機関等（第二条第二号ハに掲げるもの並びに同号ホに掲げる者及びその者の長（次条において「地方公共団体等」という。）を除く。）は、少なくとも毎年度一回、当該行政機関等が電子情報処理組織を使用して行わせ又は行うことができる申請等及び処分通知等その他この法律の規定による情報通信の技術の利用に関する状況について、インターネットの利用その他の方法により公表するものとする。
2 　総務大臣は、少なくとも毎年度一回、前項の規定により公表された事項を取りまとめ、その概要について、インターネットの利用その他の方法により公表するものとする。

○国税通則法（抄）
（納付の手続）
第三十四条　国税を納付しようとする者は、その税額に相当する金銭に納付書（納税告知書の送達を受けた場合には、納税告知書）を添えて、これを日本銀行（国税の収納を行う代理店を含む。）又はその国税の収納を行う税務署の職員に納付しなければならない。ただし、証券をもつてする歳入納付に関する法律（大正五年法律第十号）の定めるところにより証券で納付すること又は財務省令で定めるところによりあらかじめ税務署長に届け出た場合に財務省令で定める方法により納付すること（自動車重量税（自動車重量税法（昭和四十六年法律第八十九号）第十四条（税務署長による徴収）の規定により税務署長が徴収するものとされているものを除く。）又は登録免許税（登録免許税法（昭和四十二年法律第三十五号）第二十九条（税務署長による徴収）の規定により税務署長が徴収するものとされているものを除く。）の納付にあつては、自動車重量税法第十条の二（電子情報処理組織による申請又は届出の場合の納付の特例）又は登録免許税法第二十四条の二（電子情報処理組織による登記等の申請等の場合の納付の特例）に規定する財務省令で定める方法により納付すること）を妨げない。
2 　印紙で納付すべきものとされている国税は、前項の規定にかかわらず、国税に関する法律の定めるところにより、その税額に相当する印紙をはることにより納付するものとする。印紙で納付することができるものとされている国税を印紙で納付する場合も、また同様とする。
3 　物納の許可があつた国税は、第一項の規定にかかわらず、国税に関する法律の定めるところにより、物納をすることができる。

○国税関係法令に係る行政手続等における情報通信の技術の利用に関する省令（平成30年度改正後）
第一章　総則
（趣旨）
第一条　国税関係法令に係る手続等を、行政手続等における情報通信の技術の利用に関する法律（平成十四年法律第百五十一号。以下「情報通信技術利用法」という。）第三条及び第四条の規定に基づき又は準じて、電子情報処理組織又は電磁的記録を使用して行わせ、又は行う場合については、この省令の定めるところによる。

（定義）

第二条　この省令において、次の各号に掲げる用語の意義は、当該各号に定めるところによる。
　一　電子署名　電子署名及び認証業務に関する法律（平成十二年法律第百二号）第二条第一項に規定する電子署名をいう。
　二　電子証明書　申請等を行う者、行政機関等その他の者が電子署名を行ったものであることを確認するために用いられる事項がこれらの者に係るものであることを証明するために作成する電磁的記録で、次のイからハまでのいずれかに該当するものをいう。
　　イ　商業登記法（昭和三十八年法律第百二十五号）第十二条の二第一項及び第三項（これらの規定を他の法令の規定において準用する場合を含む。）の規定に基づき登記官が作成したもの
　　ロ　電子署名等に係る地方公共団体情報システム機構の認証業務に関する法律（平成十四年法律第百五十三号）第三条第一項に基づき地方公共団体情報システム機構が作成したもの
　　ハ　イ及びロに掲げるもののほか、これらと同様の機能を有する電磁的記録として国税庁長官が定めるもの
2　前項に規定するもののほか、この省令で使用する用語は、情報通信技術利用法で使用する用語の例による。

第二章　申請等及び納付手続
（申請等の指定）
第三条　情報通信技術利用法第三条第一項の規定に基づき又は準じて、電子情報処理組織を使用して行わせることができる申請等は、別表に掲げる法令の規定に基づき税務署長等（税務署長、国税局長、国税庁長官、徴収職員（国税徴収法（昭和三十四年法律第百四十七号）第二条第十一号に規定する徴収職員をいう。）、国税不服審判所長、担当審判官又は国税審議会会長をいう。以下同じ。）に対して行われる申請等とする。

（事前届出）
第四条　電子情報処理組織を使用して申請等を行おうとする者（次条第一項ただし書（第一号に係る部分に限る。）の規定により申請等を行おうとする者を除く。）又は電子情報処理組織を使用して国税の納付を行おうとする者（第七条第一項ただし書の規定により国税の納付を行おうとする者を除く。）は、次に掲げる事項をあらかじめ税務署長に届け出なければならない。
　一　次に掲げる者の区分に応じ、それぞれ次に定める事項
　　イ　別表第一号から第五十九号までに掲げる法令の規定に基づき当該申請等を行おうとする者又は当該国税の納付を行おうとする者氏名（法人については、名称。以下この号及び第四項第一号において同じ。）、住所又は居所及び法人番号（行政手続における特定の個人を識別するための番号の利用等に関する法律（平成二十五年法律第二十七号）第二条第十五項に規定する法人番号をいう。以下この号及び第四項第一号において同じ。）
　　　（法人番号を有しない者にあっては、氏名及び住所又は居所）
　　ロ　別表第六十号から第七十六号までに掲げる法令の規定に基づき当該申請等を行おうとする者　氏名及び住所又は居所
　二　対象とする手続の範囲
　三　その他参考となるべき事項
2　税務署長は、前項の届出を受理したときは、当該届出をした者（次項に規定する者を除く。）に対し、識別符号及び暗証符号を通知し、前項の申請等又は国税の納付手続に利用することができる入出力用プログラムを提供するものとする。
3　税務署長は、第一項の届出が国税の納付手続に利用できるものとして金融機関が提供する

プログラムのみを使用して行う国税の納付手続（第七条第一項において「特定納付手続」という。）のみに係るものであるときは、当該届出をした者に対し、識別符号を通知するものとする。
4　電子情報処理組織を使用して国税の納付を行おうとする者のうち、第二項の入出力用プログラム又はこれと同様の機能を有するもののみを使用して国税の納付手続を行おうとする者は、次に掲げる事項をあらかじめ税務署長に届け出なければならない。
　一　氏名、住所又は居所及び法人番号（法人番号を有しない者にあっては、氏名及び住所又は居所）
　二　国税の納付手続に利用する預金口座又は貯金口座のある金融機関の名称並びに当該口座の種別及び口座番号
　三　その他参考となるべき事項
5　次に掲げる者の区分に応じ、それぞれ次に定める届出事項に変更が生じることとなったときは、遅滞なく、その旨を税務署長に届け出なければならない。
　一　第一項の届出をした者　同項第二号及び第三号の届出事項
　二　前項の届出をした者　同項第二号及び第三号の届出事項
6　税務署長は、既に第三項の規定により識別符号の通知を受けている者が、第一項第二号の届出事項に変更が生じることとなったことにより前項第一号の届出をした場合には、当該届出をした者に対し、暗証符号を通知し、第一項の申請等又は国税の納付手続に利用することができる入出力用プログラムを提供するものとする。
7　電子情報処理組織を使用して第一項又は第五項第一号の届出を行う者は、国税庁の使用に係る電子計算機と電気通信回線を通じて通信できる機能を備えた電子計算機から、これらの規定により税務署長に届け出なければならないこととされている事項を入力して送信することにより、当該届出を行わなければならない。

（電子情報処理組織による申請等）
第五条　電子情報処理組織を使用して申請等（前条第一項、第四項又は第五項の規定による届出を除く。）を行う者は、同条第二項の入出力用プログラム又はこれと同様の機能を有するものを用いて、国税庁の使用に係る電子計算機と電気通信回線を通じて通信できる機能を備えた電子計算機から、当該申請等につき規定した法令の規定において書面等に記載すべきこととされている事項並びに同条の規定により通知された識別符号及び暗証符号を入力して、当該申請等の情報に電子署名を行い、当該電子署名に係る電子証明書と併せてこれらを送信することにより、当該申請等を行わなければならない。ただし、次の各号に掲げる場合には、当該各号に定める行為をすることを要しない。
　一　当該電子情報処理組織の使用に係る情報に個人番号カード（行政手続における特定の個人を識別するための番号の利用等に関する法律第二条第七項に規定する個人番号カードをいう。次条及び第七条第一項において同じ。）を用いて電子署名を行い、当該電子署名に係る電子証明書と併せてこれらを送信する場合　識別符号及び暗証符号を入力すること。
　二　当該電子署名が、国税庁長官が定める者に係るものである場合　当該申請等の情報に当該者に係る電子署名を行うこと及び当該電子署名に係る電子証明書を送信すること。
2　前項の申請等が行われる場合において、税務署長等は、当該申請等につき規定した法令の規定に基づき添付すべきこととされている書面等（以下この条において「添付書面等」という。）に記載されている事項又は記載すべき事項（以下この項及び次項において「添付書面等記載事項」という。）を次に掲げる方法により送信させ、又は提出させることをもって、当該添付書面等の提出に代えさせることができる。
　一　当該添付書面等記載事項を当該申請等に併せて入力して送信する方法
　二　当該添付書面等記載事項をスキャナにより読み取る方法その他これに類する方法により作成した電磁的記録（次に掲げる要件を満たすように読み取り、又は作成したものに限

　　　　る。）を当該申請等と併せて送信する方法（前号に掲げる方法につき国税庁の使用に係る電子計算機において用いることができない場合に限る。）
　　　イ　解像度が、日本工業規格（工業標準化法（昭和二十四年法律第百八十五号）第十七条第一項に規定する日本工業規格をいう。）Ｚ六〇一六附属書ＡのＡ・一・二に規定する一般文書のスキャニング時の解像度である二十五・四ミリメートル当たり二百ドット以上であること。
　　　ロ　赤色、緑色及び青色の階調がそれぞれ二百五十六階調以上であること。
　　三　当該添付書面等記載事項（国税庁長官が定める添付書面等に係るものに限る。）の電磁的記録（当該電磁的記録をスキャナにより読み取る方法その他これに類する方法により作成した場合にあっては、前号イ及びロに掲げる要件を満たすように読み取り、又は作成したものに限る。）を記録した光ディスク、磁気テープ又は磁気ディスクを提出する方法
３　第一項の書面等に記載すべきこととされている事項又は添付書面等記載事項を前二項に規定する方法により送信し、又は提出する場合におけるその送信又は提出に関するファイル形式については、国税庁長官が定める。
４　第二項（第一号に係る部分に限る。）の場合において、国税庁長官が定める添付書面等に記載されている事項又は記載すべき事項を送信するときは、税務署長等は、国税庁長官が定める期間、当該送信に係る事項の確認のために必要があるときは、当該添付書面等を提示又は提出させることができる。
５　第二項（第一号に係る部分に限る。）の規定は、申請等を行った者が前項の規定による提示又は提出に応じない場合には、当該提示又は提出に応じない添付書面等については、適用しない。
６　第一項の申請等が行われる場合において、添付書面等が登記事項証明書であるときは、税務署長等がこれに代わるべき電気通信回線による登記情報の提供に関する法律（平成十一年法律第二百二十六号）第二条第一項に規定する登記情報の送信を同法第三条第一項の規定による指定を受けた者から受けるのに必要な情報であって、当該者から送信を受けたものを送信させることをもって、当該添付書面等の提出に代えさせることができる。
７　所得税法施行規則（昭和四十年大蔵省令第十一号）第四十七条の二第九項に規定する書類を添付書面等とすべき第一項の申請等が行われる場合における当該書類に係る第二項の規定の適用については、同項中「書面等（」とあるのは「第七項に規定する書類（」と、「を次に掲げる方法により送信させ、又は提出」とあるのは「が記録された電磁的記録であって、所得税法（昭和四十年法律第三十三号）第百二十条第四項第二号に規定する保険者又は後期高齢者医療広域連合から提供を受けたもの（当該保険者又は後期高齢者医療広域連合により当該電磁的記録に記録された情報に電子署名が行われ、かつ、当該電子署名に係る電子証明書が当該情報と併せて提供されているものに限る。）を送信」とする。
８　第一項の規定により電子情報処理組織を使用して国税通則法（昭和三十七年法律第六十六号）第百二十三条第一項の証明書の交付を請求する者は、国税通則法施行令（昭和三十七年政令第百三十五号）第四十二条第一項の手数料のほか送付に要する費用を納付して、当該証明書の送付を求めることができる。この場合において、当該費用の納付は、国税局長又は税務署長から得た納付情報により納付する方法によってしなければならない。

（申請等において氏名等を明らかにする措置）
第六条　情報通信技術利用法第三条第四項に規定する主務省令で定めるものは、電子情報処理組織を使用して行う申請等の情報に電子署名を行い、当該電子署名に係る電子証明書を当該申請等と併せて送信すること又は第四条の規定により通知された識別符号及び暗証符号を入力して申請等を行うこと若しくは電子情報処理組織の使用に係る情報に個人番号カードを用いて電子署名を行い、当該電子署名に係る電子証明書を送信して申請等を行うことをいう。

(電子情報処理組織による納付手続)
第七条　電子情報処理組織を使用して国税の納付を行おうとする者は、国税庁の使用に係る電子計算機と電気通信回線を通じて通信できる機能を備えた電子計算機から、国税通則法第三十四条第一項に規定する納付書に記載すべきこととされている事項並びに特定納付手続を行う者にあっては識別符号を、特定納付手続以外の納付手続を行う者にあっては第四条第二項の入出力用プログラム又はこれと同様の機能を有するものを用いて識別符号及び暗証符号を、それぞれ入力して納付を行わなければならない。ただし、特定納付手続以外の納付手続について、当該電子情報処理組織の使用に係る情報に個人番号カードを用いて電子署名を行い、当該電子署名に係る電子証明書と併せてこれらを送信する場合には、識別符号及び暗証符号を入力することを要しない。
2　前項又は国税通則法第三十四条の三第一項（第二号に係る部分に限る。）の規定により所得税を納付しようとする者であって、所得税法（昭和四十年法律第三十三号）第二百二十条又は租税特別措置法施行令（昭和三十二年政令第四十三号）第二十五条の十の十一第六項若しくは第二十六条の十第一項の規定に該当するものは、これらの規定に規定する計算書については、第五条の規定により申請等を行わなければならない。

第三章　処分通知等
(電子情報処理組織による処分通知等)
第八条　情報通信技術利用法第四条第一項の規定により電子情報処理組織を使用して行うことができる処分通知等は、別表に掲げる法令の規定に基づき税務署長等が行う処分通知等のうち国税庁長官が定めるものとする。
2　税務署長等は、前項の処分通知等（以下この項及び次条において「処分通知等」という。）を行うときは、当該処分通知等につき規定した法令の規定において書面等に記載すべきこととされている事項を国税庁の使用に係る電子計算機から入力し、その入力した情報に電子署名を行い、当該電子署名に係る電子証明書と併せてこれらを処分通知等を受ける者の使用に係る電子計算機に備えられたファイルに、当該処分通知等を受ける者が入手可能な状態で記録しなければならない。

(処分通知等において氏名等を明らかにする措置)
第九条　処分通知等において記載すべき事項とされた署名等に代わるものであって、情報通信技術利用法第四条第四項に規定する主務省令で定めるものは、電子情報処理組織を使用して行う処分通知等の情報に電子署名を行い、当該電子署名に係る電子証明書を当該処分通知等と併せて当該処分通知等を受ける者の使用に係る電子計算機に備えられたファイルに記録することをいう。

第四章　雑則
(手続の細目)
第十条　この省令に定めるもののほか、電子情報処理組織の使用に係る手続に関し必要な事項及び手続の細目については、別に定めるところによる。

○法人税法（抄）（平成30年度改正後）
(電子情報処理組織による申告)
第七十五条の三　特定法人である内国法人は、第七十一条（中間申告）、第七十二条（仮決算をした場合の中間申告書の記載事項等）若しくは第七十四条（確定申告）又は国税通則法第十八条（期限後申告）若しくは第十九条（修正申告）の規定により、中間申告書若しくは確定申告書若しくはこれらの申告書に係る修正申告書（以下この条及び次条第一項において「納税申告書」という。）により行うこととされ、又はこれにこの法律（これに基づく命令を

含む。)若しくは国税通則法第十八条第三項若しくは第十九条第四項の規定により納税申告書に添付すべきものとされている書類(以下この項及び第三項において「添付書類」という。)を添付して行うこととされている各事業年度の所得に対する法人税の申告については、これらの規定にかかわらず、財務省令で定めるところにより、納税申告書に記載すべきものとされている事項(第三項において「申告書記載事項」という。)又は添付書類に記載すべきものとされ、若しくは記載されている事項(以下この項及び第三項において「添付書類記載事項」という。)を、財務省令で定めるところによりあらかじめ税務署長に届け出て行う電子情報処理組織(国税庁の使用に係る電子計算機(入出力装置を含む。以下この項及び第四項において同じ。)とその申告をする内国法人の使用に係る電子計算機とを電気通信回線で接続した電子情報処理組織をいう。)を使用する方法として財務省令で定める方法により提供することにより、行わなければならない。ただし、当該申告のうち添付書類に係る部分については、添付書類記載事項を記録した光ディスク、磁気テープその他の財務省令で定める記録用の媒体を提出する方法により、行うことができる。
2 　前項に規定する特定法人とは、次に掲げる法人をいう。
　一　当該事業年度開始の時における資本金の額又は出資金の額が一億円を超える法人
　二　保険業法に規定する相互会社
　三　投資法人(第一号に掲げる法人を除く。)
　四　特定目的会社(第一号に掲げる法人を除く。)
3 　第一項の規定により行われた同項の申告については、申告書記載事項が記載された納税申告書により、又はこれに添付書類記載事項が記載された添付書類を添付して行われたものとみなして、この法律(これに基づく命令を含む。)及び国税通則法(第百二十四条(書類提出者の氏名、住所及び番号の記載等)を除く。)の規定その他政令で定める法令の規定を適用する。
4 　第一項本文の規定により行われた同項の申告は、同項の国税庁の使用に係る電子計算機に備えられたファイルへの記録がされた時に税務署長に到達したものとみなす。
5 　第一項の場合において、国税通則法第百二十四条の規定による名称及び法人番号(行政手続における特定の個人を識別するための番号の利用等に関する法律(平成二十五年法律第二十七号)第二条第十五項(定義)に規定する法人番号をいう。)の記載並びに押印については、第一項の内国法人は、国税通則法第百二十四条の規定にかかわらず、当該記載及び押印に代えて、財務省令で定めるところにより、名称を明らかにする措置を講じなければならない。
6 　第一項の内国法人の同項の申告については、行政手続等における情報通信の技術の利用に関する法律(平成十四年法律第百五十一号)第三条(電子情報処理組織による申請等)の規定は、適用しない。
7 　連結子法人が第四条の五第一項又は第二項(第四号及び第五号に係る部分に限る。)(連結納税の承認の取消し等)の規定により第四条の二(連結納税義務者)の承認を取り消された場合(第十五条の二第一項(連結事業年度の意義)に規定する連結親法人事業年度開始の日に当該承認を取り消された場合を除く。)のその取り消された日の前日の属する事業年度の確定申告書(当該確定申告書に係る修正申告書を含む。)については、第一項及び前項の規定は、適用しない。

(電子情報処理組織による申告が困難である場合の特例)
第七十五条の四　前条第一項の内国法人が、電気通信回線の故障、災害その他の理由により同項に規定する電子情報処理組織を使用することが困難であると認められる場合で、かつ、同項の規定を適用しないで納税申告書を提出することができると認められる場合において、同項の規定を適用しないで納税申告書を提出することについて納税地の所轄税務署長の承認を受けたときは、当該税務署長が指定する期間内に行う同項の申告については、同条の規定

は、適用しない。
2　前項の承認を受けようとする内国法人は、同項の規定の適用を受けることが必要となつた事情、同項の規定による指定を受けようとする期間その他財務省令で定める事項を記載した申請書に財務省令で定める書類を添付して、当該期間の開始の日の十五日前まで（同項に規定する理由が生じた日が第七十四条第一項（確定申告）の規定による申告書の提出期限の十五日前の日以後である場合において、当該提出期限が当該期間内の日であるときは、当該開始の日まで）に、これを納税地の所轄税務署長に提出しなければならない。
3　税務署長は、前項の申請書の提出があつた場合において、その申請に係る同項の事情が相当でないと認めるときは、その申請を却下することができる。
4　税務署長は、第二項の申請書の提出があつた場合において、その申請につき承認又は却下の処分をするときは、その申請をした内国法人に対し、書面によりその旨を通知する。
5　第二項の申請書の提出があつた場合において、当該申請書に記載した第一項の規定による指定を受けようとする期間の開始の日までに承認又は却下の処分がなかつたときは、その日においてその承認があつたものと、当該期間を同項の期間として同項の規定による指定があつたものと、それぞれみなす。
6　税務署長は、第一項の規定の適用を受けている内国法人につき、前条第一項に規定する電子情報処理組織を使用することが困難でなくなつたと認める場合には、第一項の承認を取り消すことができる。この場合において、その取消しの処分があつたときは、その処分のあつた日の翌日以後の期間につき、その処分の効果が生ずるものとする。
7　税務署長は、前項の処分をするときは、その処分に係る内国法人に対し、書面によりその旨を通知する。
8　第一項の規定の適用を受けている内国法人は、前条第一項の申告につき第一項の規定の適用を受けることをやめようとするときは、その旨その他財務省令で定める事項を記載した届出書を納税地の所轄税務署長に提出しなければならない。この場合において、その届出書の提出があつたときは、その提出があつた日の翌日以後の期間については、同項の承認の処分は、その効力を失うものとする。

（内国普通法人等の設立の届出）
第百四十八条　新たに設立された内国法人である普通法人又は協同組合等は、その設立の日以後二月以内に、次に掲げる事項を記載した届出書にその設立の時における貸借対照表その他の財務省令で定める書類を添付し、これを納税地（連結子法人にあつては、その本店又は主たる事務所の所在地。第一号において同じ。）の所轄税務署長に提出しなければならない。
　一　その納税地
　二　その事業の目的
　三　その設立の日
2　第四条の七（受託法人等に関するこの法律の適用）に規定する受託法人に係る前項の規定の適用については、同項中「協同組合等」とあるのは「協同組合等（法人課税信託の受託者が二以上ある場合には、その法人課税信託の信託事務を主宰する受託者（以下この項において「主宰受託者」という。）以外の受託者を除く。）」と、「次に掲げる事項」とあるのは「次に掲げる事項及びその法人課税信託の名称（その法人課税信託の受託者が二以上ある場合には、主宰受託者以外の受託者の名称又は氏名及び納税地又は本店若しくは主たる事務所の所在地若しくは住所若しくは居所を含む。）」とする。

4 「行政手続コスト」削減のための基本計画（地方税）

（2018年3月末改定）

省庁名	総　務　省
重点分野名	地　方　税

1　手続の概要及び電子化の状況
　①　手続の概要
　　　地方税に関する手続については、地方税法において規定されるとともに各地方団体が条例で定めており、これらの規定等に基づき、納税義務者等は、申告、納付、申請・届出等の各行為を行う必要がある。
　②　電子化の状況
　　　法人住民税・法人事業税（地方法人二税）等の地方税の申告については、全地方団体に対して、地方税ポータルシステム（eLTAX）により、インターネットを利用してオンラインで行うことが可能である。法人設立届出等の各地方団体の条例等に基づき求めている申請・届出等についても、eLTAXにより、インターネットを利用してオンラインで行うことが可能である。
　　　また、eLTAXでの電子申告と連動した納付手続については、22団体においてインターネットバンキング等を通じたオンライン納付を行うことが可能である。
　　　なお、地方法人二税における申告手続のオンライン利用率（2016年度実績）は60.9％となっている。

2　削減方策（コスト削減の取組内容及びスケジュール）
　　地方税の特性（複数の地方団体への手続が必要、賦課課税の税目が多いなど）を踏まえ、全国共通のシステムを利用した税務手続の電子化を推進することにより、納税者の利便性向上と官民双方のコスト削減を図ることが重要である。
　　こうした観点から、以下に掲げる計画に基づき着実に取組を進める。

⑴　電子申告の義務化が実現されることを前提として、大法人の法人住民税・法人事業税の申告について、電子申告（eLTAX）の利用率100％
　　平成30年度（2018年度）税制改正において、大法人の法人住民税・法人事業税の申告について電子申告の義務化を法制化した。具体的には、2020年4月1日以後に開始する事業年度について、内国法人のうち事業年度開始の時において資本金の額又は出資金の額が1億円を超える法人並びに相互会社、投資法人及び特定目的会社を対象として、法人住民税・法人事業税の申告に当たり、申告書及び申告書に添付すべきものとされている書類の提出を電子的に行わなければならないこととした。
　　あわせて、円滑な電子申告のための環境整備として、地方団体間及び国税当局・地方団体間の共通入力事務の重複排除（後掲⑷ロ㈡及び⑸イ㈡）や認証手続の簡便化（後掲⑷ニ）を行うこととした。
　　さらに、共通電子納税システム（共同収納）の導入により、電子申告と電子納税を一連の手続として行えるようにすることで、eLTAXの利便性を向上させる（後掲⑷イ）。
　　今後は、大法人の法人住民税・法人事業税のeLTAX利用率100％という目標達成に向け、地方団体の協力を得つつ、電子申告が義務化されることに加え、こうした環境整備・利便性向上に関する取組についても周知を図る。

⑵　中小法人の法人住民税・法人事業税の申告について、電子申告（eLTAX）の利用率70％以上。なお、将来的に電子申告の義務化が実現されることを前提として、電子申告（eLTAX）の利用率100％
　　平成30年度（2018年度）税制改正において、大法人の電子申告義務化と併せて措置することとした円滑な電子申告のための環境整備策（地方団体間及び国税当局・地方団体間の

共通入力事務の重複排除や認証手続の簡便化）は、中小法人にも適用される。

　また、共通電子納税システム（共同収納）の導入により、電子申告と電子納税を一連の手続として行えるようにすることで、eLTAXの利便性を向上させる（後掲(4)イ）。

　今後、中小法人の法人住民税・法人事業税のeLTAXの利用率70％以上という目標達成に向け、こうした環境整備・利便性向上の周知も図りながら、利用勧奨や広報・周知等、eLTAXの普及に向けた取組を一層進める。

　なお、電子申告の義務化も含めた、中小法人の更なる利用率向上のための方策については、こうした環境整備・利便性向上の効果やeLTAX未利用法人の実態等を踏まえ、中小法人のICT環境も勘案しつつ、引き続き検討を行う。

(3) 電子納税の推進（共通電子納税システム（共同収納）の導入）【2019年10月実施予定】

　一定の地方税（※）について、納税義務者等がeLTAX運営主体が運営する共通電子納税システム（共同収納）を利用することで、全地方団体に対して、一度の手続で電子納税することができる仕組みを導入する。

（※） 個人住民税（給与所得又は退職所得に係る特別徴収分）、法人住民税、法人事業税及び事業所税（これらの税と併せて納付又は納入することとされている税を含む。）。

（注） 共通電子納税システム（共同収納）による電子納税は、インターネットバンキング等を通じたオンライン納付及びダイレクト納付（電子申告を行う納税者があらかじめ金融機関口座を登録しておくことにより、共通電子納税システムを通じて、登録口座からの振替による電子納税ができる方式）のいずれも可能とする。

(4) eLTAXの使い勝手の大幅改善

　事業者の負担感減少に向け、以下に掲げる施策を通じてeLTAXの使い勝手の改善を進める。あわせて、ホームページ等を通じてeLTAXの操作性等の利用満足度に係るアンケートを実施し、eLTAXの使い勝手の検証や更なる改善につなげていく。

イ　eLTAXの利便性向上に資する地方税の共通電子納税システム（共同収納）の導入
【2019年10月実施予定】

　前掲(3)の共通電子納税システム（共同収納）の導入により、eLTAXの利用者が電子申告と電子納税を一連の手続として行えるようにすることで、eLTAXの利便性を向上させるとともに、2019年10月のシステム稼働に向けて地方団体とともにその利活用による利便性向上について周知を図る。

ロ　複数地方団体への電子申請、電子申告の利便性向上

　(イ) 複数地方団体への法人設立届出書等の電子的提出の一元化【2019年9月実施予定】

　　複数地方団体へ同一内容の法人設立届出書等を電子的に提出する際に、電子的提出の一元化を可能とする。

　　また、その提出の際に必要となる各地方団体への電子署名について、一括付与を可能とする。

　　なお、「登記・法人設立等関係手続の簡素化・迅速化に向けたアクションプラン」（2016年10月31日CIO連絡会議決定）及び「デジタル・ガバメント実行計画」（2018年1月16日eガバメント閣僚会議決定）に基づき法務省が2020年度に構築することとされている各行政機関に登記情報を提供する仕組を活用することにより、登記事項証明書（商業）の添付省略を図ることを検討する。

　(ロ) 地方団体間の地方法人二税の共通入力事務の重複排除【2019年9月実施予定】

　　複数地方団体へ地方法人二税の電子申告を行う際に、共通項目を一括で入力し、その後に個別項目を入力することで地方団体間の共通入力事務の重複排除を可能とする。

　　また、その申告の際に必要となる各地方団体への電子署名について、一括付与を可能とする。

ハ　eLTAXの送信容量の拡大等の検討【2019年9月実施に向けて検討】＜新規＞
　　eLTAXにより申告書等を送信する場合において、1送信当たりのデータ送信容量の拡大等を検討する。
ニ　認証手続の簡便化
　(イ)　法人納税者の認証手続の簡便化【2018年4月実施】＜新規＞
　　・法人事業税等の申告書における代表者及び経理責任者の自署押印制度を廃止し、代表者の記名押印のみで足りることとする（書面申告の場合も含めて措置）。
　　・法人納税者がeLTAXを利用して申告手続を行う際、当該法人納税者の代表者から委任を受けた者（当該法人納税者の役員及び職員に限る。）の電子署名等を送信する場合には、代表者の電子署名等の送信を要しないこととする。
　(ロ)　更なる本人確認手続の簡便化【内閣官房における検討結果を踏まえ対応】＜新規＞
　　電子的な本人確認手続については、「デジタル・ガバメント実行計画」において、内閣官房において2018年度を目途に「オンライン手続におけるリスク評価及び電子署名・認証ガイドライン」（2010年8月31日CIO連絡会議決定）の見直しを行い、各府省は、当該見直しを踏まえ、保有する手続における本人確認等の手法の見直しを実施することとされた。
　　総務省としても、上記政府方針に沿って、内閣官房における検討結果を踏まえ、eLTAXにおける更なる本人確認手続の簡便化について、関係省庁と協議しつつ適切に対応する。
ホ　eLTAX受付時間の更なる拡大【2019年9月実施予定】
　　eLTAXの受付時間について、2019年9月から、年末を除く毎月の最終土日の稼働を開始するとともに、所得税等の申告集中期である1月中旬から3月中旬は、土日を含めて全ての日に稼働できるよう運用日を拡大する。
　　その他の土日や年末年始の対応等については、費用対効果や地方団体の意向等を踏まえて、引き続き検討する。
　（注）　eLTAXはこれまでも、運用日については、給与支払報告書の提出期間、所得税確定申告期間及び地方法人二税申告集中期間について土日を追加しており、受付時間についても、8：30から24：00まで運用するなど順次拡大を図っている。
ヘ　その他のeLTAXソフト（PCdesk）の利便性向上
　(イ)　異動届出書提出時の利用者情報への自動反映【2019年9月実施予定】
　　法人納税者が異動届出書を提出した際に、eLTAXに登録されている当該法人納税者の情報への自動反映を可能とする。
　(ロ)　法人番号の入力による法人名称等の自動反映【2019年9月実施予定】＜新規＞
　　eLTAXソフト（PCdesk）により各種手続を行う場合において、法人番号の入力により法人番号公表サイトで公表している最新の法人情報（法人の名称及び所在地等の本店情報）を自動的に反映する機能を整備する。
　(ハ)　メッセージボックスの閲覧方法の改善【2019年9月実施予定】
　　eLTAXソフト（PCdesk）のWEB版の機能拡充及びスマートフォン版の導入により、インターネットからメッセージボックスの内容を閲覧できるようにする。
　(ニ)　ヘルプデスクの環境整備【2019年9月実施予定】
　　利用者の質問への対応を充実させるため、ヘルプデスクの環境を整備するなどの対応を行う。
　(ホ)　利用可能文字の拡大【2019年9月実施予定】
　　e-Taxにおける利用可能文字に対応する。
(5)　国税との情報連携の徹底（法人設立届出書等の電子的提出の一元化、電子申告における共通入力事務の重複排除等）
イ　電子的提出の一元化等

(イ) 地方団体で作成した所得税確定申告書データの引継ぎの推進

地方団体の申告相談会場において、申告書作成システムを利用して電子的に作成された所得税及び復興特別所得税申告書等について、e-Taxへのデータによる引継ぎを推進する。

（注） 国税当局において、2017年1月以降、地方団体による本人確認を前提として、納税者の電子署名及び電子証明書を不要とするとともに、自宅等からのe-Taxと同様、第三者作成の添付書類について、その記載内容を入力することで、当該書類の提出又は提示を省略可能としている。

(ロ) 給与・公的年金等の源泉徴収票及び支払報告書の電子的提出の一元化の推進

2017年1月以降、国税当局と地方団体それぞれに提出している給与・公的年金等の源泉徴収票及び支払報告書について、eLTAXによるデータの一括作成及び電子的提出の一元化を可能としたところ、この取組を引き続き推進する。

(ハ) 法人納税者の開廃業・異動等に係る申請・届出手続の電子的提出の一元化

【2020年3月実施予定】

法人納税者が設立又は異動等の際に国税当局と地方団体それぞれに提出している各種届出書等について、データの一括作成及び電子的提出の一元化を可能とする。

（注1） 個人納税者の上記同様の手続について、データ様式の統一化等の検討を行い、データの一括作成及び電子的提出の一元化を可能とするよう検討する。

（注2） 法人設立手続については、「新しい経済政策パッケージ」（2017年12月8日閣議決定）において、税・社会保険・登記等の各種手続のオンライン化とマイナポータルを活用したワンストップサービスの提供に向けて、2017年度内に政府全体として具体策と実現に向けた工程の成案を得ることとされている。総務省としても、政府全体の検討結果を踏まえ、適切に対応する。上記施策についても、政府全体によるワンストップサービスと整合性を図る。

(ニ) 法人税及び地方法人二税の電子申告における共通入力事務の重複排除

【2020年3月実施予定】

地方法人二税の電子申告手続時の複数地方団体への申告に共通する事項の重複入力の排除の実現に併せ、国税当局と連携して、法人税及び地方法人二税の電子申告における共通入力事務の重複排除に向けて取り組む。具体的には、民間ソフトベンダーへの仕様公開方法の改善やe-Taxソフトにおける法人税申告情報のエクスポート機能の実装等と併せ、eLTAXソフト（PCdesk）において重複項目に係るデータをe-Taxからインポートする機能を実装する。

(ホ) 財務諸表の電子的提出の一元化【2020年4月実施予定】＜新規＞

法人事業税における外形標準課税対象法人等が法人税の申告をe-Taxにより行い、その際財務諸表を電子的に提出している場合には、国税当局・地方団体が情報連携を行うことにより、法人事業税の申告において添付が必要とされる財務諸表の提出を不要とする。

（注） その他の法人税関係書類（法人税申告書等）についても、国税当局・地方団体間の情報連携を推進する。

ロ e-TaxとeLTAXの連携

(イ) e-TaxとeLTAXの仕様の共通化の推進【2017年度以降順次実施】

e-TaxとeLTAX双方の利便性を向上させるため、民間ソフトベンダーの開発環境を改善する観点から、e-TaxとeLTAXとの間で利用可能な文字、システム改修のリリース日、仕様書の記載方法等の統一化について、民間ソフトベンダー各社のニーズ等を踏まえつつ検討を行い、順次対応を進める。

(ロ) e-TaxソフトとeLTAXソフト（PCdesk）との連携の推進【2020年3月実施予定】

上記イ（電子的提出の一元化等）に掲げる開廃業・異動等に係る申請・届出手続な

ど、利用者ニーズの高い手続について、e-Tax と eLTAX 双方のソフト間の連携等を図る。
(6) その他
　イ　税務相談の充実【順次検討】＜新規＞
　　　税務相談について、相談窓口の増加、納税相談の事前予約方式の拡充など、相談機会の充実及び手法の多様化に向けて、地方団体に対して助言する。
　ロ　情報提供ネットワークシステムの活用＜新規＞
　　　2017年11月から情報提供ネットワークシステムを介した情報連携の本格運用が開始されたところであり、社会保障分野等における申請手続の際に課税（所得）証明書等の添付が不要となるなどの納税者の利便性向上のために、引き続き情報連携の円滑な運用に取り組む。
　ハ　従業員に関する税・社会保険関係手続の簡便化（従業員の納税に係る事務）＜新規＞
　　　従業員に関する税・社会保険関係手続については、「第2回　中小企業・小規模事業者の活力向上のための関連省庁連絡会議」（2018年1月11日）の資料において、「行政機関への提出書類に含まれる情報について、重複提供を不要とする仕組みの整備に向けて、平成30年度にロードマップを策定。以降順次、仕組みの整備に着手。」とされたことを踏まえ、内閣官房を中心として関係省庁とともに検討を進める。
　なお、以上の取組の全体を通じて、下記の点に留意が必要。
※　地方団体の理解と協力等が前提となるため、取組内容や実施時期等に変更が生じる場合があり得る。

参考資料

○行政手続等における情報通信の技術の利用に関する法律（平成十四年十二月十三日法律第百五十一号）（抄）

（電子情報処理組織による申請等）
第三条　行政機関等は、申請等のうち当該申請等に関する他の法令の規定により書面等により行うこととしているものについては、当該法令の規定にかかわらず、主務省令で定めるところにより、電子情報処理組織（行政機関等の使用に係る電子計算機（入出力装置を含む。以下同じ。）と申請等をする者の使用に係る電子計算機とを電気通信回線で接続した電子情報処理組織をいう。）を使用して行わせることができる。
2　前項の規定により行われた申請等については、当該申請等を書面等により行うものとして規定した申請等に関する法令の規定に規定する書面等により行われたものとみなして、当該申請等に関する法令の規定を適用する。
3　第一項の規定により行われた申請等は、同項の行政機関等の使用に係る電子計算機に備えられたファイルへの記録がされた時に当該行政機関等に到達したものとみなす。
4　第一項の場合において、行政機関等は、当該申請等に関する他の法令の規定により署名等をすることとしているものについては、当該法令の規定にかかわらず、氏名又は名称を明らかにする措置であって主務省令で定めるものをもって当該署名等に代えさせることができる。

著者経歴

坂本　真一郎

　税理士（SKJ総合税理士事務所）

　中央大学経済学部産業経済学科卒業

　平成5年東京国税局に国税専門官として採用。都内税務署勤務後、国税局において KSK（国税総合管理）システム、国税庁において e-Tax システムの開発・運用等に従事。その後、国税局調査部において e-Tax 合同サポートチームの担当官として、大企業や国及び地方公共団体の電子申告の利用勧奨、導入サポート等を行う。

　平成25年6月に退職、同年9月税理士登録。

　現在、SKJ総合税理士事務所にて、税務コンサルティングのほか、企業の文書電子化コンサルティングを行っている。

　著書に「中小企業のための国税書類のスキャナ保存入門（共著）」（大蔵財務協会）、「最新！ここまでわかった企業のマイナンバー実務（共著）」（日本法令）。

　一般社団法人ファルクラム　租税法研究会研究員

> 本書の内容に関するご質問は、ファクシミリ等、文書で編集部宛にお願いいたします。(fax 03-6777-3483)
> なお、個別のご相談は受け付けておりません。
>
> 本書刊行後に追加・修正事項がある場合は、随時、当社ホームページ (https://www.zeiken.co.jp) にてお知らせいたします。

電子申告の概要と義務化に向けた事前準備

2019年4月19日　初版第1刷印刷　　　（著者承認検印省略）
2019年4月30日　初版第1刷発行

Ⓒ著者　坂　本　真一郎
発行所　税 務 研 究 会 出 版 局
　　　　週刊［税務通信］［経営財務］発行所
代表者　山　根　　毅
郵便番号 100-0005
東京都千代田区丸の内1-8-2 (鉄鋼ビルディング)
振替 00160-3-76223
電話〔書 籍 編 集〕03 (6777) 3463
　　〔書 店 専 用〕03 (6777) 3466
　　〔書 籍 注 文〕03 (6777) 3450
　　〈お客さまサービスセンター〉

●各事業所　電話番号一覧●

北海道 011 (221) 8348	関信 048 (647) 5544	中　国 082 (243) 3720
東　北 022 (222) 3858	中部 052 (261) 0381	九　州 092 (721) 0644
神奈川 045 (263) 2822	関西 06 (6943) 2251	

〈税務研究会HP〉https://www.zeiken.co.jp

乱丁・落丁の場合は、お取替えします。　　　印刷・製本　奥村印刷㈱

ISBN978-4-7931-2439-6